The Damage Monitoring and Evaluation for Reinforced Concrete Elements of Bridge by Using Acoustic Emission Technology

基于声发射技术的桥梁关键钢筋混凝土构件损伤监测与评价

李　青　杨　帆　王　春　等　编著

内 容 提 要

本书分析总结了声发射室内试验和桥梁运营监测过程中的常见噪声信号及特征并给出了相应的去噪对策。以分级加载试验数据为依据,研究了声发射凯塞效应对声发射损伤预警的干扰,论证了声发射技术应用于桥梁监测领域的技术可行性。以断铅试验数据为依据,讨论了声发射仪器的自带定位系统的优劣,并介绍了两种改进的定位算法。采用聚类算法和神经网络算法实现了混凝土梁破坏模式的识别,为声发射监测定性判断结论的得出提供了理论支持。以损伤变量为指标讨论了声发射定量分析技术的可操作性。

本书可供桥梁养护人员、科研人员、技术人员参考使用,也可供相关高等院校师生参考阅读。

图书在版编目(CIP)数据

基于声发射技术的桥梁关键钢筋混凝土构件损伤监测与评价 / 李青等编著. — 北京 : 人民交通出版社股份有限公司, 2017.4

ISBN 978-7-114-13633-7

Ⅰ.①基… Ⅱ.①李… Ⅲ.①桥梁构件—损伤(力学)—声发射监测 ②桥梁构件—损伤(力学)—评价 Ⅳ.①U443.4

中国版本图书馆 CIP 数据核字(2016)第 319837 号

书　　名:基于声发射技术的桥梁关键钢筋混凝土构件损伤监测与评价
著 作 者:李 青 杨 帆 王 春 等
责任编辑:尤 伟
出版发行:人民交通出版社股份有限公司
地　　址:(100011)北京市朝阳区安定门外外馆斜街 3 号
网　　址:http://www.ccpress.com.cn
销售电话:(010)59757973
总 经 销:人民交通出版社股份有限公司发行部
经　　销:各地新华书店
印　　刷:北京市密东印刷有限公司
开　　本:787×1092 1/16
印　　张:4.75
字　　数:88 千
版　　次:2017 年 4 月 第 1 版
印　　次:2017 年 4 月 第 1 次印刷
书　　号:ISBN 978-7-114-13633-7
定　　价:30.00 元

《基于声发射技术的桥梁关键钢筋混凝土构件损伤监测与评价》

编　委　会

前　言

发展基于健康监测的结构安全评定与可靠度预测理论是当今工程界的热点问题，也是保障工程结构建造和服役安全的有效手段。在结构健康监测评价的技术体系中，现代无损检测（NDT）占据着重要的地位，同时也是如今发展最快、分支最多的技术之一。

由于结构损伤与表征损伤的物理量之间并非一一对应的关系，依据被检物特点、操作条件以及预期目的，选择适宜的无损检测技术是提高检测结论可靠性的关键。考虑到大型基建工程的重要性，以工程运营全过程评价为基础的监测技术，正逐步取代以工程例检或工程突发性事件为前提的事后检测技术，这一转变已充分体现在《国家中长期科学和技术发展规划纲要（2006—2020 年）》之中。

声发射过程与材料自身损伤过程密切相关，声发射技术对材料损伤演化具有直观的动态捕捉能力，这是当前众多无损检测技术所不具备的优点。凭借这一特点，声发射被人们形象地称为材料病态的“听诊器”。它是当前无损检测技术实现从“损伤检测”到“损伤监测”转变的一条有效技术路径。

从无损检测所肩负的使命来看，声发射技术需要解决损伤的发现、定位、定性以及量化四个问题。通过过去几十年研究和应用，这些问题在不同工程材料领域中得到了不同程度的解答。目前，钢筋混凝土材料的声发射研究远远落后于金属材料领域的同类研究。钢筋混凝土作为当代最主要的也是最具发展前途的土木工程材料之一，其庞大的应用市场，是支持“钢筋混凝土声发射检测技术研究”的现实动力。

本书围绕声发射检测所必须面对的四个问题,结合作者在实际检测工作、研究中的一点认识进行简要的知识梳理。由于编写者水平有限,书中难免存在一些缺点和错误,在此热诚地欢迎广大读者提出意见和批评。

编者

2016 年 11 月

目　　录

1 绪 论

1.1 声发射检测技术研究与应用的意义

从改革开放到"十二五"末期，经过三十多年的不懈努力，我国综合交通运输网络的"五纵五横"格局已逐渐清晰，适应于现代客运、货运的国家快速铁路网和国家高速公路网也已基本成形。在国家经济持续繁荣的宏观背景下，未来很长一段时间内，国家交通运输网络的持续扩容趋势不会改变。

由于现代交通的"时效性、直通性"特点，在交通基建规模不断刷新的同时，交通网络结构也迎来了重大调整。交通线路不断突破自然地形的约束，渡堑越峪，桥、隧比重正逐年递增。截至 2015 年底，我国在役公路桥梁总计 77.92 万座，其中特大桥梁 3894 座，大桥 79512 座。庞大的桥梁基数带来了更加艰巨的安全维护任务，为保障桥梁结构安全运营而产生的维护、加固及相关技术的市场应用前景广阔。

为避免频繁维修所带来的不便与损失，桥梁的维护与加固应以科学的损伤评价结论为依据。考虑到大型基建工程的重要性，以工程运营全过程评价为基础的监测技术正逐步取代以工程例检或工程突发性事件为前提的事后检测技术，这一转变也已充分体现在《国家中长期科学和技术发展规划纲要(2006—2020 年)》之中。

发展基于健康监测的结构安全评定理论是当今工程界的热点问题[1-2]，而"健康检测"和"健康监测"中对结构损伤感知这一核心技术并无本质区别，它们都隶属于无损检测(NDT)这一技术领域。由于可用于感知结构损伤的物理量较多，也由于现代高精密电子仪器、高性能计算机的出现，无损检测逐渐成为了当今发展最快、分支最多的技术之一[3-4]。

近二十多年来，涡流检测(ECT)、射线照相检验(RT)、超声脉冲法(UT)、磁粉检测(MT)、液体渗透检测(PT)、热红外(TIR)等无损检测技术已逐渐成熟，由于技术原理的限制，这些技术很难适应结构健康监测系统的实时性要求，而声发射检测(AE)在这方面具有一定的先天优势。首先，声发射对线性缺陷极为敏感，善于捕捉正在发生的危险，其对结构损伤的描述是"进行时"，而不是"完成时"。其次，声发射信号源于结构自身能量的释放，无需辅助的信号源激励，更适用于长期无人值守的操作环境。对比目前已有的无损检测技术，声发射检测是实现从"损伤检测"到"损伤监测"转变的一条有效技术路径。

1.2 国内外研究现状

材料局域源在损伤过程中快速释放能量并产生瞬态弹性波的现象称为声发射(Acoustic Emission,简称 AE),有时也可称为应力波发射。虽然绝大多数材料变形和断裂时都伴有声发射现象,但由于信号强度微弱,一般情况下人耳无法察觉。此时,需要借助灵敏的电子仪器去感知,也因此,声发射检测仪器被人们形象地称为材料病态的“听诊器”。基于声发射仪器的探测数据,分析并推断出声发射源损伤特性的技术则称为声发射检测。

声发射现象最早由奥伯特(Obert)和霍奇森(Hodgson)分别于 1941 年和 1942 年发现,当时它还仅仅作为一种特殊的材料物理现象被研究。1950 年,在凯塞(Kasier)针对金属材料的声发射试验取得成功后,声发射技术才开始作为一门独立的损伤检测技术被业界承认。

20 世纪 70 年代初声发射技术被引入我国后,中科院沈阳金属研究所、航天部 621 所、机械部合肥通用机械研究所、武汉大学等一些科研院所和高校相继开展了金属复合材料的声发射特性研究并取得了一定的进展。到 80 年代初期,人们已经开始尝试压力容器检验的声发射技术应用。80 年代中期,原劳动部锅炉压力容器检测研究中心率先从美国 PAC 公司引进了当时世界上最先进的采用 Z80 微处理计算机技术制造的 SPARTAN 声发射检测与信号处理分析系统,并在国内一些石化和煤气公司开展了大量的试点应用。

从声发射应用领域的发展上看,以金属材料为主要研究对象的机械、航空等领域的声发射研究始终走在前列。相比之下,针对建筑工程材料,特别是混凝土材料的声发射研究发展较为缓慢。作为一种多相多层次的水泥基复合材料,混凝土内部组分的变化对声发射基本属性的影响是研究者最早关注的问题。1965 年,Robinson 研究了砂浆体及不同集料掺量、不同集料粒径的混凝土破坏时的声发射特征。1970 年,Green 按照 ASTM 标准,对三种不同类型集料的混凝土宏观力学性能指标与声发射特征的对应关系进行了实时检测,并证实了声发射技术用于混凝土破坏全过程监测的可行性。由于混凝土外延的不断拓展,针对混凝土中各类分散相组分、增强组分、附加功能组分及相应的声发射特性研究至今仍在继续。

目前,为研究混凝土构件或结构在不同受力破坏状态下的声发射信号特征而进行的具有针对性的破坏试验(如动静拉压、动静弯曲、动静剪切试验等)以及包括环境腐蚀、施工扰动、地震作用的现场测试已十分多见,基于试验研究的声发射数据累积工作正在有条不紊地进行中。

随着现代信号分析分支的不断拓展,研究者分析过程中所采用的声发射特征参数呈现出多样化的发展趋势。除了以声发射特征参数(如幅度、振铃数、持续时间、上升时间和信号强度等)作为表征结构损伤的特征值以外,依赖于分形特征分析、b 值分析、CT 扫描、HHT 变换、神经网络算法、灰色关联分析、模糊分析、小波分析的声发射间接特征参数也得到了较

多的应用。

通过传感器信息反馈推断损伤源特性是发射检测的主要任务，围绕损伤位置、损伤性质、损伤程度等损伤源特性判断的定位、定性和定量技术是声发射技术研究的不变主题。除此之外，在某些操作环境下，为提高分析结论的可靠性而进行的声发射噪声处理也是一大研究热点。

按待处理信号的不同，声发射信号去噪方法可分为模拟去噪和数值去噪两类。前者以模拟信号为研究对象，主要由声发射仪器制造厂商所提供的前置放大器完成；后者以数值信号为研究对象，需使用者根据自身的研究目的，借助适当的数值分析工具来完成。

除噪声外，构件的历史应力路径往往也会干扰结构损伤的评价结论，凯塞效应[5]是其主因。在混凝土材料的声发射凯塞效应被首次发现后，研究者通过大量试验证明了在不同受力破坏状态下混凝土材料的声发射凯塞效应的存在性。同时，费利西蒂效应表明构件最大历史应力水平对凯塞效应有重要影响，而费利西蒂比还与构件的尺寸、内部组分、材料强度、加载方式、加载速率、空载时间以及干湿条件等诸多因素密切相关。

目前，区域定位和时差定位是最为基本的声发射损伤源定位方法。区域定位通过声发射信号到达次序或信号幅度大小作源位置区间判断，精度较低；时差定位利用声发射信号到时差和传感器间的几何关系推断损伤源位置，精度较高。衰减测量式时差定位、互相关式时差定位、干涉式时差定位也可纳入这一方法的范畴。由于声发射在材料内部传播规律十分复杂，时差定位所依赖的声发射波速预测值离散性较大是当前亟须解决的问题。另外，采用时频分析工具对声发射信号进行空间变换或其他预处理来提高声发射源定位精度的方法也很常见。

结构损伤类型识别(本书中也称损伤模式识别)是损伤定性研究的关键研究内容之一，它往往依赖于具有针对性的破坏试验。在较为复杂的受力状态下，由于结构损伤过程中的一些具有代表性的加载点(本书中也称为损伤质变点)前后存在明显的损伤模式转换，损伤模式识别也等同于损伤质变点识别。声发射损伤定性研究的首要任务是寻找对损伤质变点反应灵敏的声发射特征参数，声发射间接特征参数的多样性为这一类研究带来了无限的生机。对钢筋混凝土而言，开裂点是最为突出的损伤质变点之一。除此之外，水泥浆界面损伤识别、钢筋滑移损伤识别、增强纤维断裂损伤识别也具有重要工程意义。与之对应的具有针对性的破坏试验则包括素混凝土的轴压试验、钢筋拔出试验、增强纤维混凝土的轴拉试验等。

相较于定性分析，定量分析更为细致。粗略的定量分析可以视为结构损伤过程中所有质变点识别工作的串联。复杂的定量分析则需要依赖于构件损伤全过程的声发射特征参数曲线。目前，在建筑工程领域，此类研究成果虽已多见，但由于声发射在多相材料内部传播规律的复杂性，相关试验仪器、技术流程尚无统一规定等因素的影响，不同研究者的试验数据仍缺乏横向可比性。研究者的试验数据成果无法有效整合,无法形成完备的声发射特征参数数据库,使得这类研究显得相对孤立,相关结论的离散性也较大。抛开数据源的问题不谈,基于损伤力学的损伤因子演化方程和本构方程仍取得了较大进步。

1.3 本书主要内容

由于对线性缺陷的敏感,声发射可以很好地预示结构正在发生的损伤或危险,“发现损伤”是声发射的核心技术优势。在发现损伤(本书中称为损伤预警)的过程中如何考虑噪声干扰以及由凯塞效应引起的声发射活性变化带来的干扰是本书重点介绍的内容之一。

在损伤预警的基础上,利用声发射损伤定位技术锁定破损部位,可为结构局部修复提供关键参考信息。目前,用于定位计算的声发射内置软件的算法中仍存在一些影响定位结果稳定性的不利因素。声发射在钢筋混凝土材料内部的传播路径和衰减过程异常复杂,加之在材料分层界面上的波形转换、在内部天生缺陷处发生的衍射、在集料表面发生的散射等一系列问题,使得基于断铅试验的波速测定结果具有很强的离散性,其离散程度已足以推翻声发射时差算法的波速恒定假设,这是声发射定位结果产生波动的症结所在。为回避或解决波速恒定假设问题,本书介绍基于声发射能量衰减曲线的能量衰减定位方法以及附加波速反演过程的时差类改进算法。

损伤类型识别是损伤定性评价的重要内容。针对某些破坏过程的质变点存在明显的破坏模式转换的特点,也可以通过质变点的识别来代替损伤模式的识别。这种处理方式不仅减少了针对不同损伤模式的破坏试验数量,也将损伤定性评价与粗略的定量评价(损伤阶段评价)画上了等号。由于梁受弯破坏在破坏过程中的质变点明显,其相应的声发射试验数据至少可以用于集料界面拉伤、混凝土开裂、钢筋滑移、混凝土压碎4类损伤的识别研究。基于波形相似假设的数据聚类和基于BP神经网络的损伤模式识别是本书重点介绍的两种损伤定性评价方法。

由于对非线性裂纹不敏感,声发射检测对缺陷的静态定量识别(如裂缝宽度、深度等)无能为力,损伤程度判断一直是声发射检测技术的短板。目前在实际检测中最为现实办法仍是利用不同检测方法进行优势互补,即利用声发射发现损伤、定位损伤后采用其他无损检测手段去量化损伤。同时,为保证声发射技术体系的完整性,本书也简要介绍了两种基于损伤变量定义的损伤程度识别方法。

本书以发现损伤、定位损伤、定性损伤、定量损伤的研究顺序排布章节,加之对声发射破坏试验的介绍,以期能够为读者提供一套完整的声发射检测技术体系作参考。

2 声发射室内试验及现场测试

2.1 试验方案总体设计思路

以试验数据为基础的现象学研究方法是声发射技术的最常见研究手段之一。自声发射技术问世以来,几乎每一次理论革新都与试验研究密切相关。在混凝土材料领域中,针对浆体、集料、钢筋以及随着混凝土功能外延拓展而出现的增强组分、附加功能组分对声发射特性影响的试验研究至今仍在进行。

从操作环境上看,声发射试验可分为室内试验和现场试验。室内试验以加载破坏试验为主,目前以声发射研究为目的的,包括拉、压、弯、剪及其组合受力状态下的破坏试验研究均有可参考案例。由于构件加载方式较多,研究者需要依据自身的研究目的或工程实际需求进行加载方式的选择。

对桥梁结构而言,其混凝土板、梁以受弯为主,立柱以压弯为主,这些受力状态与适筋梁的弯曲破坏具有一定的相似性,故三点弯曲破坏试验的声发射数据具有较强的代表性。定性、定量分析研究声发射特性随破坏过程推进的演变过程,一般采用分级加载的方式。凯塞效应研究历史加载对声发射特性的影响,一般采用分级循环加载的方式。在破坏试验之前,为保证试验数据的可靠性,需要对主要的室内噪声进行排除分析。由于桥梁等大型结构的现场加载复杂,破坏试验不可逆等原因,一般不再进行现场加载,但常见的室外噪声干扰分析仍必不可少。

声发射模拟源定位是测试定位算法效果的最直接方法,常用的模拟声发射发生源包括电火花、氦气喷射、喷砂、断铅、落球、超声发生器等,其中断铅由于无需额外试验设备辅助、可操作性强等特点而受到研究者的青睐。

本章针对研究中所涉及的试验仪器、试验方法、试件制备等问题作简要说明,相关试验目的及试验内容可见表 2-1。

试 验 总 体 安 排　　表 2-1

章 节 号	试验或测试目的	所采用试验方法
第 3 章	室内噪声干扰排除	室内噪声试验
	现场噪声干扰排除	现场噪声测试
	凯塞效应对声发射活性的影响	分级循环加载试验
	声发射预警技术的适用性	现场声发射测试

续上表

章 节 号	试验或测试目的	所采用试验方法
第4章	定位算法的精度和稳定性	断铅试验
第5章	声发射损伤定性研究	分级加载试验
第6章	声发射损伤定量研究	分级加载试验

2.2 试验检测仪器及破坏试验

2.2.1 试验检测仪器

自1965年美国的Dunegan公司首次推出声发射商业仪器以来,声发射的硬件技术已经历五十多年的更新发展,完成了从模拟声发射系统到全数字化声发射系统的技术革新。全数字声发射系统由AE传感器接收到的声发射信号,并经放大器、高速A/D变换器、数字信号处理或可编程逻辑器件即可获取声发射特征参数并直接用于参数分析。除信号连接电缆、外置存储和显示设备外,其主要组成模块如图2-1所示。其中,A/D变换器、数字信号处理、数据传输接口均集成于数据转换及分析主机之中。

a)传感器

b)前置放大器

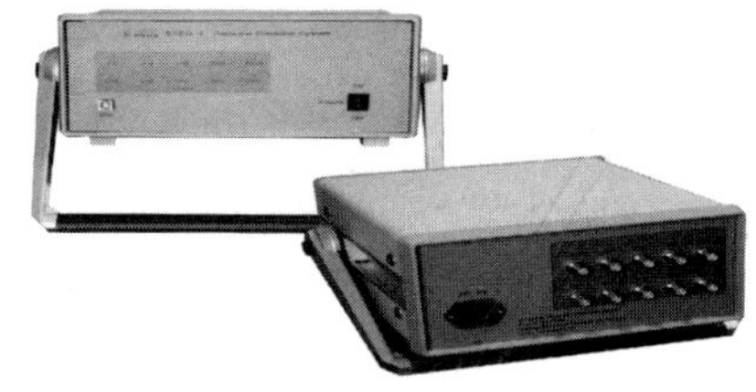

c)数据转换及分析主机

图2-1 声发射系统主要元器件

现阶段另一个声发射仪的发展动向是全数字全波形声发射仪,其特点是硬件仅采集得到数字声发射信号波形,其他任务如参数产生,滤波甚至门槛功能均可交由用户自主完成。随着数据存储设备容量的倍增,声发射技术终将走向以波形信号分析为主时代,届时全波形声发射仪将自然成为最佳的选择。

(1)声发射传感器

传感器是利用某些物质(如半导体、陶瓷、压电晶体、强磁性体和超导体等)的物理特性(如电阻、电容等)随着外界待测量(如应变、湿度、温度、位移、磁场等)作用而发生变化的原理制成的。不同待测量所采用的传感器原理有所不同,在声发射检测过程中,通常使用的是压电效应,相应的具有明显压电效应的材料称为压电材料。

声发射传感器一般由壳体、保护膜、压电元件、阻尼块、连接导线及高频插座组成,压电元件是其核心，通常采用锆钛酸铅、钛酸钡和铌酸锂等材料制成。用户应根据不同的检测目的和环境采用不同结构和性能的传感器。谐振式高灵敏度传感器较为常见，若需要更大范围的频率响应则可采用宽频带传感器。

传感器与被检物表面采用耦合剂填缝，其目的是避免空腔影响声波穿透从而造成的能量损失，常用耦合剂有真空脂、硅脂、凡士林、黄油、快干胶等。传感器的固定方法主要包括机械固定、黏接固定和磁吸附固定方式。选择何种固定方式主要根据传感器的类型和待测面表面情况所确定。对混凝土构件而言，常采用黏接固定方式，特殊情况下可采用机械固定方式。

(2)声发射前置放大器

传感器输出信号的电压有时低至微伏数量级，这样微弱的信号，若经过长距离的传输，信噪比必然要降低。靠近传感器设置前置放大器，将信号提到一定程度，再经过高频同轴电缆传输给信号的处理单元。前置放大器的输入、输出均为模拟信号，采用的是模拟电路。

传感器的输出阻抗比较高，前置放大器需要具有阻抗匹配和变换的功能。有时传感器的输出信号过大，要求前置放大器具有抗电冲击的保护能力和阻塞现象的恢复能力，并且具有比较大的输出动态范围。

前置放大器的一个主要技术指标是噪声电平，一般应小于10μV。有些特殊用途的前置放大器，噪声电平应小于2μV。对于单端传感器要配用单端输入前置放大器，对于差动传感器要配用差动输入前置放大器，后者比前者具有一定的抗共模干扰能力。

在声发射系统中，前置放大器占有重要的地位，整个系统的噪声由前置放大器的性能所左右。前置放大器在整个系统中的作用就是要提高信噪比，要有高增益和低噪声的性能。

(3)声发射数据转换及分析主机

声发射主机包括主放大器、A/D数据采集卡、FPGA可编程逻辑器件或DSP数字信号处理器件。其主要作用包括进一步提升信噪比、将模拟信号转换为数字信号、利用波形数据进行声发射参数提取、提供外置数据存储的交互通道等。

(4)其他

在声发射破坏试验过程中，还需要记录试验构件的应变情况、加载信息，其主要目的是为破坏全程的声发射演变提供一个横向参照，相关试验仪器不再一一介绍。

2.2.2 试件制作与布置

由于声发射信号特征统计参数主要关联于构件受力模式和加载水平，与构件的截面尺寸并无太大关系，因此在试件制作以及试件几何尺寸选择上，均优先考虑试验室条件，对几何相似条件可不作过多考虑。试件混凝土强度等级应尽量靠近研究所服务的实际工程，配合比设计可参考《普通混凝土配合比设计规程》(JGJ 55—2011)。尺寸与混凝土指标确定后,严格按照适筋梁计算配筋,由于桥梁结构中预应力构件的广泛应用,也可增加部分预应力筋。

本书破坏试验中试件尺寸宽200mm、高250mm、长1000mm,长度方向另预留100mm的设计支撑长度;试件的混凝土强度等级为C40、C50,配合比设计见表2-2;试件纵向受力钢筋采用HRB335,预应力筋为钢绞线,试件配筋立面、断面如图2-2所示。

混凝土配合比设计 表2-2

混凝土强度等级	配合比					
	水泥	砂	石子	水	减水剂	水灰比
C40	1	2.48	4.61	0.53	0.015	0.53
C50	1	1.06	1.94	0.3	0.03	0.3

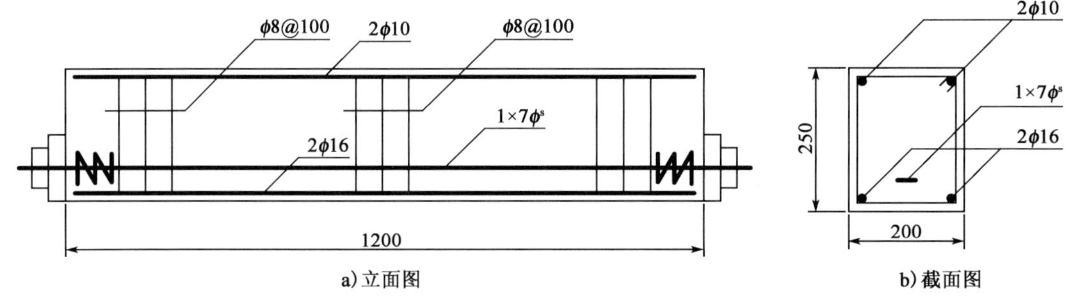

图2-2 梁配筋示意图(尺寸单位:mm)

钢筋应变片预埋,混凝土应变片在试件养护结束后粘贴,应变片主要关注灵敏系数、应变极限、阻值等技术指标。考虑到在破坏试验过程中,应变片(特别是混凝土应变片)容易因应变超限退出工作,声发射特征演化曲线也可以加载值或加载阶段作为横坐标值。本书中试验试件所选用的钢筋应变片基本参数为灵敏系数2.1、应变极限2%、阻值120Ω;混凝土应变片基本参数为灵敏系数2.1、应变极限2%、阻值350Ω。

支座支撑形式应按实际构件的约束相似条件确定,对简支梁桥主梁,连续梁桥的中间跨、边跨主梁,可分别采用两端铰接、两端刚接、一端铰接一端刚接的支撑方式。由于结构破坏过程中的竖向应力重分布,破坏时支座承担负弯矩能力的不断削弱,约束相似条件不可能在加载全过程中得以满足,这也削弱了约束相似的物理意义。

试验装置过程中,应注意加载设备与试件接触区、支座区域的隔音措施,如采用隔音毡、吸音棉等材料覆盖接触区或包裹接触区垫块。加载设备依试件尺寸选择,对一般试件,可优先选择小型的电液伺服液压系统。若采用液压千斤顶的加载方式,需额外配置力传感器。利用声发射专用耦合剂填充传感器与混凝土构件的界面孔隙,传感器均匀线性分布于梁中部即可,具体布置依传感器数目、重点监测区范围、试件尺寸布置而定。本书中所采用四通

道声发射仪的传感器布置示意见图 2-3 所示。试验装置布置完成后,仪器开机进行预加载,磨合试件,并检验仪器工作状态。

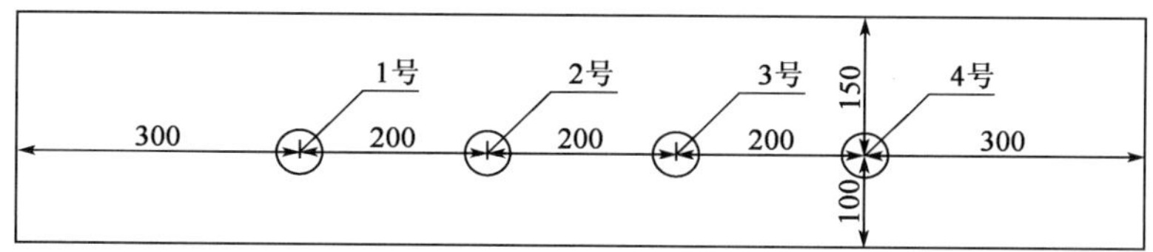

图 2-3 传感器布置图(尺寸单位:mm)

2.2.3 加载程序

(1)分级加载试验方案

由于声发射特性与结构的破坏形态密切相关,因此荷载相似关系在试验中应特别关注,在分级加载过程中,加载的某些分级节点的物理意义应明确。除起裂点、极限破坏点具有明确的物理意义外,试件加载如何体现桥梁构件在正常通行状态下的受荷水平也是分级加载的关键问题,此时可按照底部拉应力相等的原则确定加载值。按照上文描述,大致可以计算确定出至少 3 个加载关键控制点,即正常通行荷载、起裂荷载、极限破坏荷载。

本书以我国公路桥梁中常用的三车道标准箱形截面梁为原型,其断面尺寸见图 2-4,计算跨径为 30m。由计算机软件 CAXA 求得原型惯性矩等构件截面特性,在考虑永久荷载、车道荷载、人行荷载的基本组合作用下,计算梁底拉应力,并按照底部应力相等的原则反算试验试件需施加的集中力作为荷载控制节点 1。经计算,本书中所涉及的 C40 构件的控制节点荷载 1 约为 21.49kN,C50 构件的控制节点荷载 1 约为 24.97kN。

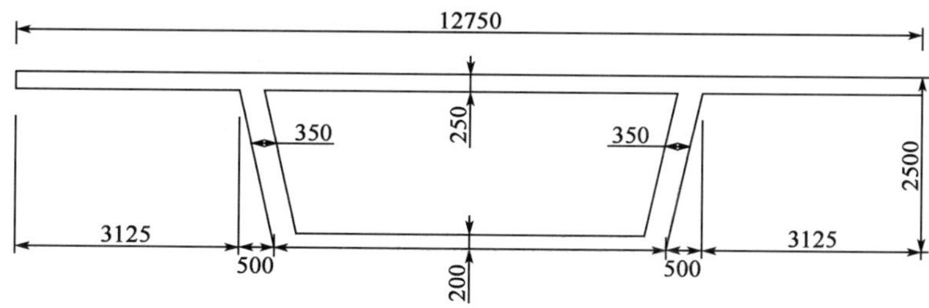

图 2-4 原型箱形截面(尺寸单位:mm)

按照试件材料和尺寸计算的试件开裂时顶部集中力荷载作为荷载控制节点 2。经计算,本书中所涉及的 C40 构件的控制节点荷载 2 约为 33.57kN,C50 构件的控制节点荷载 2 约为 38.99kN。按照试件材料和尺寸计算的试件完全破坏时顶部集中力荷载作为荷载控制节点 3。经计算,本书中所涉及的 C40 构件的控制节点荷载 3 约为 71.73kN,C50 构件的控制节点荷载 3 约为 81.00kN。得到控制节点荷载后,节点间荷载分级可以按照等间隔原则划分(依据实际情况或研究目的也可不等间隔,如对声发射重点研究的加载可加密)。按照上述计算方法,本书中所涉及试验构件的最终加载程序见表2-3。

分级循环加载的荷载分级方式　　表2-3

加载阶段	C40		C50	
	荷载(kN)	力传感器读数	荷载(kN)	力传感器读数
1	3.36	144.62	3.95	169.98
2	9.40	404.31	10.96	471.19
3	15.44	664.01	17.97	772.41
4(节点1)	21.49	923.71	24.97	1073.62
5	27.53	1183.40	31.98	1374.83
6(节点2)	33.57	1443.10	38.99	1676.04
7	39.61	1702.80	45.99	1977.26
8	45.65	1962.49	53.00	2278.47
9	54.34	2336.22	62.33	2679.71
10	63.04	2709.95	71.67	3080.95
11(节点3)	71.73	3083.67	81.00	3482.19

注:1. 力传感器读数由荷载值×42.99转换得到。
2. 为保证试验安全,也因极限荷载计算可能出现的偏差,试验中加载到第10级荷载即可停止加载。

为保证后期数据处理过程中不致发生错乱,各阶段加载完成并待声发射数据稳定于某一较低水平后(并保证恒载时间不低于15min),停止数据采集并存放于按加载阶段编号的文件夹之中。

(2)循环分级加载试验方案

循环分级加载试验所关注要点基本上与分级加载相同,但加载程序更为复杂,所涉及的数据储存文件更多,此时更应注意试验数据的整理分类。从理论上讲,若考虑卸载阶段的数据处理,进行n次循环分级加载所需要的归类文件数量会达到$(n+1)!-1$个,本书中所采用的数据归类文件命名规则见表2-4。

声发射文件储存名称　　表2-4

荷载级别	1	2	…	$n-1$	n
加载文件名称	1	2.1	…	$n.1$	$n.1$
		2.2	…	$n.2$	$n.2$
			…	…	…
				$n-1.n-2$	…
				$n-1.n-1$	$n.n-1$
					$n.n$
卸载文件名称	1.2	2.3	…	$n-1.n$	$n.n+1$

3 损伤预警技术

结构健康监测的首要任务是“发现损伤”，最终目的是通过接收信号“逆源”评价损伤特性（主要包括源的位置、源的性质、源的严重程度）。在发现损伤的过程中，如何排除因噪声而产生的“伪声发射信号”的干扰是声发射技术研究的一项重要内容。结构历史应力路径对声发射活性有一定影响，它可能削弱声发射对线性缺陷的高灵敏度这一技术优势，甚至影响声发射应用于损伤预警的技术可行性，这是研究者往往忽视的问题。本章将就上述问题作简要介绍并在此基础上给出速率预警的简单应用实例。

3.1 声发射噪声干扰与对策

声发射噪声包括机械噪声和电磁噪声。机械噪声是指由于物体间的撞击、摩擦、振动所引起的噪声；电磁噪声是指由于静电感应、电磁感应所引起的噪声。常见的声发射噪声抑制对策包括频率鉴别、幅度鉴别、前沿鉴别、主副鉴别、符合鉴别、载荷控制门、时间门等。

频率鉴别属于频域滤波方法，可用于滤除特定频率窗范围外的机械噪声；幅度鉴别通过调整固定或浮动检测门限值滤除低幅度机电噪声；前沿鉴别通过对信号波形设置上升时间滤波窗口过滤远距离的机械噪声或电脉冲干扰；主副鉴别主要通过信号到达主副传感器的次序的逻辑关系过滤噪声；符合鉴别利用时差窗口门电路，采集特定时差范围内的信号，用于特定区域外的机械噪声剔除；载荷控制门主要用于疲劳试验；时间门可用于剔除长时间间隔的突发型噪声。依据噪声特性，选择适用的去噪方法是噪声分析的关键，同时还应注意避免噪声间的相互干扰。

3.1.1 背景噪声

背景噪声即环境振动，是指多个人为或自然形成的未知振动源叠加而成的机械振动。背景噪声无明显发声源，不可追源控制，其振动幅值较低。针对背景噪声的低幅值特点，工程中往往采用幅度鉴别方式进行处理。对于以远场强噪声源为主的背景噪声而言，由于其上升时间明显增长，前沿鉴别有时也可达到较好的去噪效果。相较前沿鉴别，幅度鉴别不仅对远场强噪声源有效，也对近场弱噪声源有效。

目前,大多数声发射仪器均提供了波形门限和参数门限设置窗口,研究者仅需进行简单的门限设置即可消除大部分背景噪声。而门限设定值的选定并无过多的理论可追溯,主要通过试测定的方式来确定,门限过低无法保证背景噪声的滤除,门限过高则无法保证有效信号的通过。

在试验室环境下,绝大部分研究者均倾向于40dB的参数门限和波形门限设定值。读者也可自行验证该设定值的合理性,测试过程中无需加载,步骤简单。本书提供了一组简单的测试数据,可供读者参考,其测试过程如下。

按要求布置试验仪器进行测试准备,保持声发射检测仪处于开机状态,由高到低等间隔同步调整波形门限和参数门限值,在空载状态下记录规定时间内的所有通道的声发射撞击总数。表3-1为某一次测试的声发射撞击数记录,测试中门限间隔取2dB,观测时间为5min,表中撞击数为单位时间撞击数(/min)。

门限设定测试结果(取5次观测平均值)　　表3-1

波形门限	参数门限	撞击数	波形门限	参数门限	撞击数
32	32		42	42	0
34	34		44	44	0
36	36	>50	46	46	0
38	38	>20	48	48	0
40	40	<10	50	50	0

注:门限设定为32dB和34dB相应的撞击数过多已无研究意义,故表中未列出。

从表3-1可以看出,当门限设定等于或超过42dB时,仪器在测试时间内未接收到声发射信号,处于完全无干扰状态;当门限设定等于或低于38dB时,仪器在测试时间内接收到大量无时序规律的声发射信号,处于强干扰状态。当阀值设定为40dB时,仪器在测试时间内仅接收到个位数声发射信号,影响较小。为优先保证有效信号的通过,适当放宽门限限定,可直接取40dB作为门限设定值。为排除背景噪声对其他噪声分析的影响,做其他项噪声分析时,也可取42dB作为门限设定值。

3.1.2 电磁干扰

声发射系统通过压电材料将振动信号转换为电信号,当电信号因静电感应、电磁感应受到干扰时则可能产生电磁噪声。声发射检测过程中可能出现的电磁噪声包括:

①由于前置放大器引起的不可避免的本底电子噪声;

②因检测系统和试件的接地不当而引起的回路噪声;

③因环境中电台和雷达等无线电发射器、电源干扰、电开关、继电器、起动机、焊接、电火花、打雷等引起的电噪声。

由于声发射仪器具有一定的电磁屏蔽设计和能力,除非测试环境中明确存在强电磁干扰源,否则土工结构的检测中无需特别考虑电磁噪声的干扰。

在试验或检测过程中,读者可自行验证上述结论,按上节中门限设定值,进行相关仪器(主要包括力传感器转换仪、应变仪、计算机、起动机等)的开关或运转测试,最终得到的声发射撞击数据应与表3-1无太大差别。

3.1.3 摩擦噪声

在加载试验的预加载过程中,加载设备与试件磨合所产生摩擦噪声无法回避,这类噪声可以通过多次循环预加载消除。将最大加载力按表2-3中第1级荷载取值,声发射门限设定为40dB和42dB,各进行加载→卸载循环5次,记录相应的声发射事件数(表3-2)与表3-1中相关数据进行对比。

预加载过程的声发射事件数 表3-2

门限 \ 循环数	1	2	3	4	5
40	16	10	8	6	7
42	6	4	2	0	0

测试结果显示随着预加载循环次数的增加,表3-1和表3-2中声发射事件数趋同。加载设备与构件的摩擦噪声仅发生在加载初期,也可大胆推断随着实际结构服役时间的推移,这类构件间的摩擦噪声将自动消散,无需特别关注。

3.1.4 试验室环境下的撞击噪声

(1)撞击噪声的影响范围

将门限设定为40dB,并布置试验仪器,按照与传感器平均距离的远近选定7个位置敲击10次(敲击力道由重到轻),记录4通道传感器的撞击计数见表3-3。

10次敲击试验总撞击数 表3-3

编 号	距 离 (m)	撞击数(次)	触碰位置描述
①	0.2000	45	试件正面中间部位
②	0.2912	41	试件背面中间部位
③	0.6000	34	试件正面的两侧
④	0.5236	26	试件支座垫片
⑤	0.2678	22	千斤顶支座垫片
⑥	0.8523	4	支座下端
⑦	1.1736	5	千斤顶上端

注:表中距离为触碰点到4个传感器的平均距离,单位为m。

从不同位置的撞击计数来看，模拟噪声信号随距离的衰减十分明显，当敲击力道减弱时，距离传感器较远时噪声影响可忽略不计，若将门限设定为42dB将得到相同结论。试验加载过程中应特别注意应避免接触试件和支座垫片，而其他部位的误碰基本不影响试验结果。

（2）软硬介质碰撞的区别

选择表3-3中位置①再次进行模拟撞击测试若干次。为研究撞击介质对撞击信号的影响，敲击时采用直接敲击和金属杆敲击两种方式，敲击力道尽量保持一致。测试结果显示：金属杆敲击时，4个传感器通道共产生180条信号时程，44个有效点位信息。直接敲击时，4个传感器通道共产生515条信号时程，45个有效点位信息。取其典型的撞击信号时程（图3-1、图3-2），并进行傅里叶变换（图3-3、图3-4）。

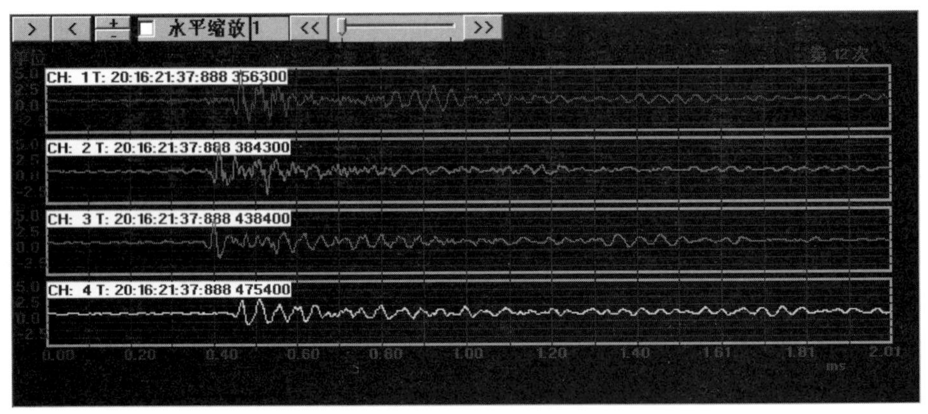

图3-1　金属杆间接敲击信号

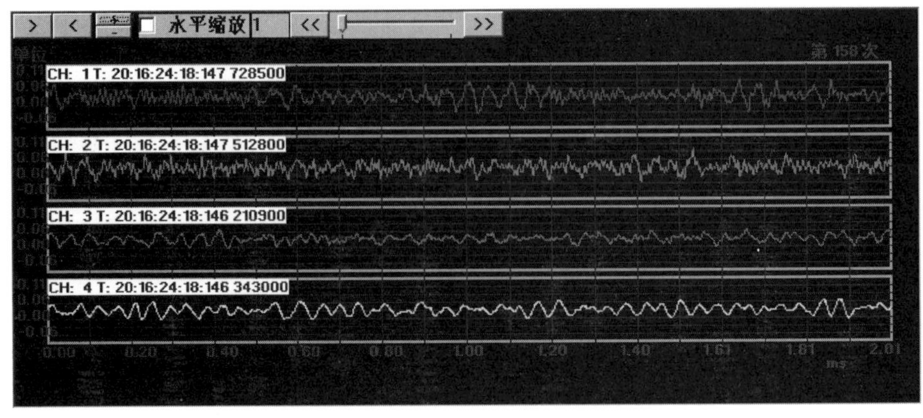

图3-2　金属杆直接敲击信号

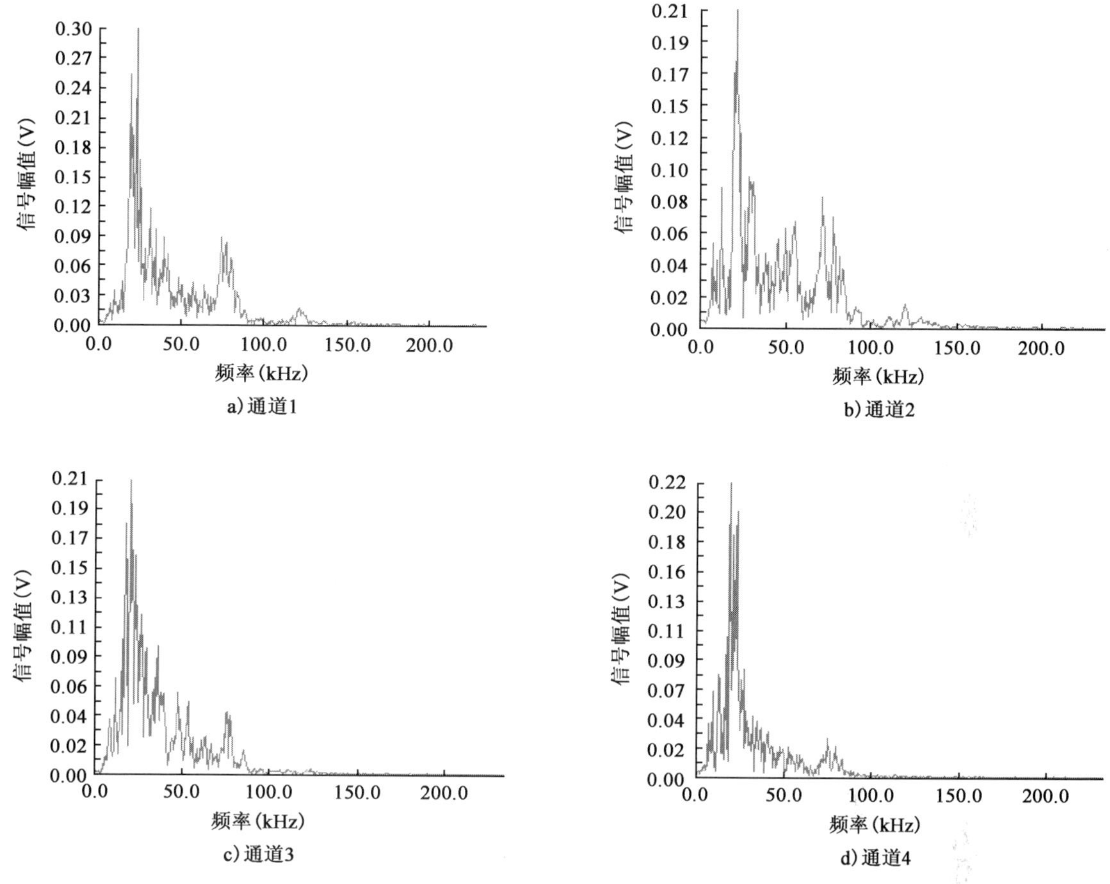

图 3-3 金属杆间接敲击信号的傅里叶变换

从信号时程上看，金属杆间接敲击时，信号幅值达到 0.3V，而直接敲击时，信号幅值仅为 0.01V，不排除因敲击力道控制不当造成的幅值误差，但基本上可以认定两者信号幅值存在量级差。相较于金属杆敲击，若视直接敲击为柔性介质触碰，此时撞击信号的幅值低，但仍能通过设定门限。此时若采用幅值鉴别方式去噪，需要继续调大门限值。

从信号频谱上看，金属杆敲击信号的频段能量相对集中，大致落入 0～50kHz，50～100kHz 两个频段。而直接敲击时，信号频段相对分散，部分能量落入 100～150kHz 频段，柔性介质触碰时，频带较宽，频率鉴别很难奏效。

从信号效率上看，金属杆间接敲击时的 180 个撞击信号中产生了 44 个有效定位信息，该信息可视为声发射仪所认定的声发射事件数。若将信号有效率定义为：声发射事件数 × 传感器数目/各通道接收到的撞击总数，此时的有效率 = 44 × 4/180 = 0.98，接近于 1。直接敲击时信号有效率 = 45 × 4/515 = 0.35，远小于 1，此时声发射传播过程产生的回弹不可忽略，信号持时混乱，符合鉴别不适用。

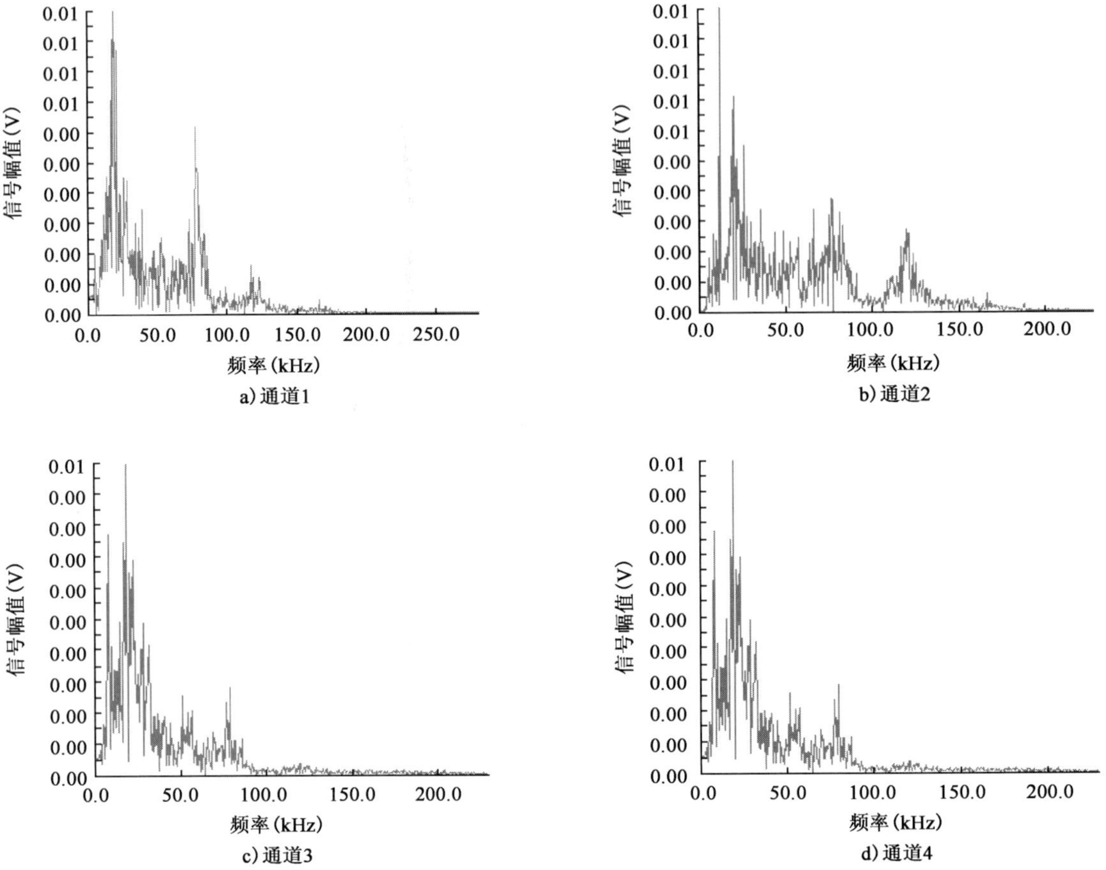
信号幅值(V)
频率(kHz)
a)通道1
b)通道2
c)通道3
d)通道4

图3-4　金属杆直接敲击信号的傅里叶变换

3.1.5　现场环境下的车行撞击噪声

车行噪声可视为现场的撞击噪声,这在桥梁结构的运营过程中不可忽略。为避免出现真实损伤信号的干扰,应尽量选取成桥时间较短的新建桥梁进行测试。由于试验室和现场的背景噪声的可能差异,在现场需补充门限设定测试,其结果表明40dB的门限设定同样适用于一般的现场环境。为对噪声源进行准确的标定,需在采集声发射信号的同时记录车辆通行状况(表3-4),测试位置包括车行道、人行道及立柱。

车辆通行状况　　表3-4

位置①:车行道			位置②:人行道			位置③:立柱		
类型	行车数(辆)	流量(辆/s)	类型	行车数(辆)	流量(辆/s)	类型	行车数(辆)	流量(辆/s)
1	91	0.15	1	83	0.09	1	76	0.10

续上表

位置①:车行道			位置②:人行道			位置③:立柱		
类型	行车数(辆)	流量(辆/s)	类型	行车数(辆)	流量(辆/s)	类型	行车数(辆)	流量(辆/s)
2	7	0.01	2	18	0.02	2	12	0.15
3	3	0.005	3	5	0.01	3	4	0.01

注:1 类车为私家车;2 类车为载重 8t 以下的小型货车;3 类车为载重 8t 以上的大型货车。空载车辆类别号降 1。

(1)车行噪声的影响范围

表 3-4 中,位置③未测得与车行同步的声发射信号,可得出推论:在实际检测过程中,行车对立柱检测并无较大影响。与试验室撞击试验一样,这一结论可认为是由声发射衰减引起的。同时,立柱测点距离车行道距离约为 10m,试验室模拟撞击的有效接收范围约为 1m,若认为撞击力度与传播距离成正比,则可通过线性插值的方式得到不同撞击力度下车行噪声的影响范围。

表 3-4 中,位置①、位置②测得的较大幅值记录分别见表 3-5、表 3-6,表中所采用的声发射参数的物理示意如图 3-5 所示。

车行道最大车行噪声 表 3-5

通道号	幅度(dB)	振铃计数	持续时间(μs)	能量(mV·μs)	上升计数	上升时间(μs)
1	100	90	1047.8	14654	2	10.9
1	100	91	1032.7	14647	2	11
1	100	91	1032.7	14630.06	2	10.9
2	100	114	1358	16970	2	10.9
2	100	112	1350.4	16946	2	10.9
2	100	109	1320	16949.82	2	10.9
3	100	138	1749.4	21645	2	10.9
3	100	140	1789.3	21663	2	11.4
3	100	136	1749	21645.82	2	11.4
4	100	273	1916.2	19059	2	11.4
4	100	273	1916.2	19059.8	2	10.9
4	100	272	1942.3	19062	2	11.4

人行道最大车行噪声 表 3-6

通道号	幅度(dB)	振铃计数	持续时间(μs)	能量(mV·μs)	上升计数	上升时间(μs)
1	71.9	1920	55110	41199	265	7252.8
1	74.8	1422	40978	37980	159	4281.7
2	87.5	2850	58189	164524	136	3014.3
2	88.9	2077	42963	187905	198	4106.8

续上表

通道号	幅度(dB)	振铃计数	持续时间(μs)	能量(mV·μs)	上升计数	上升时间(μs)
3	81.3	2676	57852	91326	57	1214.6
3	83	1918	41323	89489	160	3465.6
4	65.5	330	10970	4156	27	718.2
4	65.3	282	8778	4034	135	3573

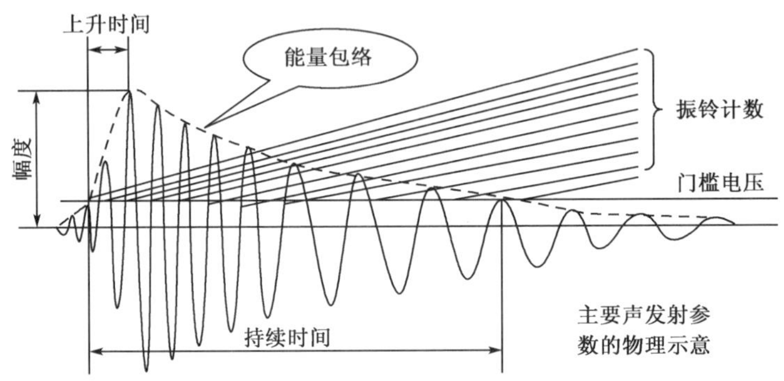

图 3-5　基本声发射参数的物理示意

从表 3-5 可以看出,车行道数据采集时出现了 3 个满幅信号,这与表 3-4 中所定义的 3 类车通行数吻合;表 3-6 中满幅信号数为 0,小于表 3-4 中 3 类车通行数。由于车行道测试点与人行道测试点距离不超过 3m,这至少可以说明在车行状态下,声发射有效接收范围为米级。

从表 3-5、表 3-6 中的持续时间、上升计数、上升时间来看,距离声发射源更近的桥面测试点车行噪声持续时间短,能量集中。而距离声发射源稍远的桥面测试点车行噪声持续时间、上升计数被放大了两个量级,能量分散。因此可以认为持续时间、上升计数可作为声发射传感器距离声发射源远近的辅助判断依据。但是由于持续时间和上升计数波动剧烈,若不能在事先确定噪声源远近,前沿鉴别和符合鉴别不再适用。

(2)车行噪声的时间门去噪

将表 3-4 中的位置①、位置②所采集的全部传感器信号撞击数依幅值分级统计于表 3-7,以表 3-4 记录的行车数作为实际声发射事件数,并计算信号有效率(该值较小说明门限值过高,该值超过 1 说明门限值过低)。

车行信号撞击数　　表 3-7

位置编号	幅值参数(dB)	测试期间行车数(辆)	通道传感器总撞击数(次)	信号有效率
位置①	≥40	101	3425	0.12
	≥42		1461	0.28
	≥44		1176	0.34
	≥46		852	0.47

续上表

位置编号	幅值参数(dB)	测试期间行车数(辆)	通道传感器总撞击数(次)	信号有效率
位置①	≥48	101	604	0.67
	≥50		447	0.90
位置②	≥40	106	1010	0.42
	≥42		456	0.93
	≥44		264	1.61

注:信号有效率定义为行车数×4÷总撞击数。

从表3-7可以看出,当传感器布置于车行道时,幅值为50dB时信号有效率最优,达到0.9。当传感器布置于人行道时,幅值为42dB时信号有效率最优,达到0.93。结合测试现场实际情况,若在[40dB,50dB]范围内调整门限,声发射序列与车行序列的相关性将会大大提高。在此设定下,可设置一台声发射仪专职捕捉车行噪声,绘制时间门并同步传输至其他声发射仪,通过时间门方法剔除车行噪声。

(3)传播距离对车行噪声频谱的影响

取车行道最大能量信号(图3-6),并进行傅里叶变换(图3-7)可发现此时仪器所接收的车行噪声与试验室撞击的直接触碰方式所产生的噪声具有相似的频谱特性,即具有明显的双频段特性,但中频段(50~100kHz)尤为突出。

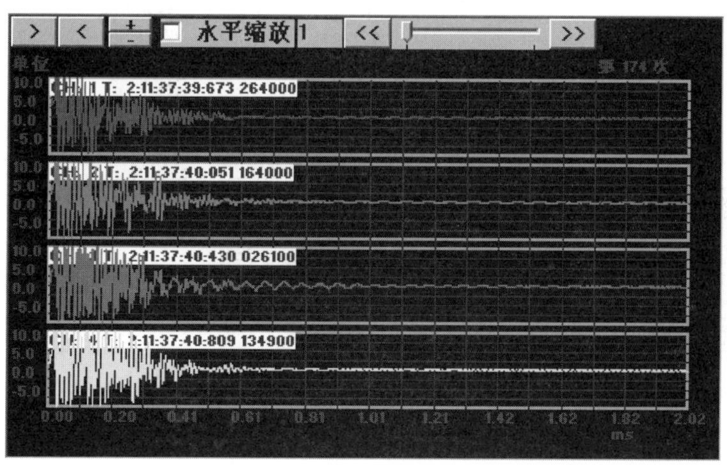

图3-6 车行道最大能量声发射信号波形

对人行道,仅取最大通道信号说明,其波形及对应的傅里叶变换如图3-8所示。由图可见,此时声发射的中频段信号基本消失,能量集中于低频带,这符合波动理论对信号高低频衰减速度差异的描述,也与试验室撞击噪声模拟相关结论一致,即频率鉴别对于车行噪声消除效果不佳。

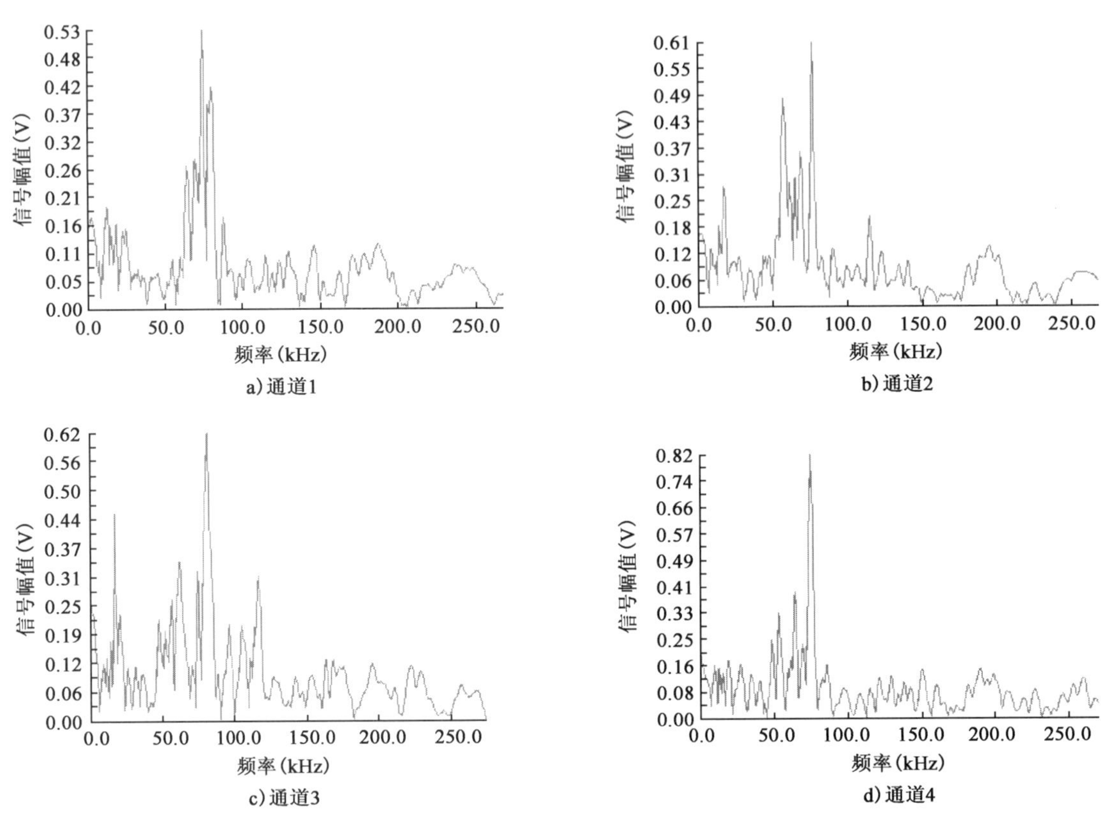

图 3-7　车行道最大能量信号的傅里叶变换

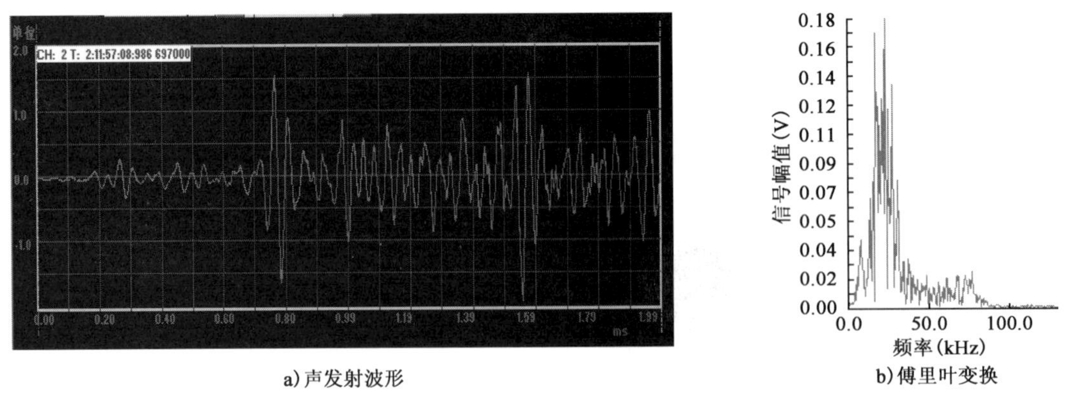

图 3-8　人行道声发射信号及其傅里叶变换

3.1.6　小结

一般情况下，声发射检测受电磁噪声干扰影响可忽略；不论是试验室环境还是现场环境下，幅度鉴别对声发射背景噪声干扰排除均有效，建议门限设定为40dB；加载过程中因构件与设备间磨合产生的摩擦噪声会逐渐消失；声发射信号幅值随距离衰减较快，对桥梁下部结构检测时，桥面车行无影响；对上部结构检测时，车行噪声影响较大，由于受频率衰减特性的影响，频率鉴别无效，建议采用时间门方法消除。

3.2 凯塞效应对损伤预警的影响

凯塞效应是指材料在遭受不超过历史最大受载的外力影响时声发射活性减少，甚至是消失的现象。凯塞效应的研究开启了声发射技术的应用化大门，至今仍是工程界的研究热点。研究表明，当钢筋混凝土材料的应力超过一定限值时，凯塞效应消失，费利西蒂效应成立，这一应力限值称为凯塞点。对工程结构而言，如果凯塞点过高，特别是当凯塞点超过了某些损伤的应力水平时，随着服役时间的推移，声发射活性的不断降低，对于老旧结构而言声发射检测将最终失去意义。因此，本节对于凯塞效应的研究事实上也是在讨论声发射技术应用于损伤预警的可行性问题。

3.2.1 凯塞点与费利西蒂比的定义

在某一荷载等级下，声发射事件是否发生是判断凯塞效应成立与否的关键。为排除个别奇异声发射事件的影响，现引入有效声发射事件的概念。参考 CARP 协会提出的三个指导准则，当加载及其相应声发射事件特征符合下列条件之一时，可认定材料在该荷载级别下存在声发射响应，即发生有效声发射事件：

①当荷载增加10%时，声发射超过5个事件计数；

②当荷载增加10%时，产生的声发射振铃计数多于20个；

③在恒载作用下产生持续的声发射。

按照 CARP 协会对有效声发射事件的定义来看，事件数和振铃计数均可以作为计算材料凯塞点的待选参数。与声发射事件数相比，振铃计数对大部分声发射仪初始设定参数（除门限外的其他声发射，如峰值鉴别时间、撞击鉴别时间、撞击闭锁时间、波速等）有较强的容错能力，即在相同荷载水平情况下，初始设定参数对振铃计数影响较小。因此本节的研究均选定振铃计数作为有效声发射事件的判断参数，同时考虑到加载后期振铃计数数值过大，也可取其对数值进行判断。

当某一加载循环内的某一级加载过程中首次出现了有效声发射事件时，则记录该加载值，并定义为f_q。同时，将该循环加载的上一次循环中对应的最大加载定义为$f_{q\max}$，则费利西蒂比如式3-1所示。

$$FR_1 = \frac{f_q}{f_{q\max}} \tag{3-1}$$

当 $FR_1=0$ 时,凯塞效应不成立,且历史应力水平对声发射活性无影响;

当 $FR_1>1$ 时,凯塞效应成立,历史应力水平对声发射活性有影响;

当 $1\geqslant FR_1>0$ 时,凯塞效应不成立,但历史应力水平对声发射活性有影响;

费利西蒂比为 1 是凯塞效应是否存在的临界点。该临界点对应的 $f_{q\max}$ 即为凯塞点。

3.2.2 凯塞点与费利西蒂比的计算

凯塞点实际计算与凯塞点理论计算略有不同:一是费利西蒂比临界点的定义差异;二是有效声发射事件的界定差异。

由于混凝土构件在某一级损伤过程中的能量释放需要较长的时间,而试验室中一级恒载的持续时间往往不超过 15min,两者存在一定的差异。这种差异导致在某级加载过程中可能接收到上一级加载中未能完全释放的声发射信号,从而引起凯塞效应存在性的误判。据此,可取费利西蒂比临界值为其理论值的 90% 。

CARP 协会通过设置 10% 的荷载增量的办法来判断有效声发射事件,这一处理将使得荷载试验的加载程序十分烦琐,也增加了加载精度的控制难度。此时可采用加载曲线奇异点(本书中采用数据拐点)识别的方式来代替 CARP 协会的界定方法。

分级循环加载过程已在第 2 章中详细描述,此处不再赘述。记录加载过程中的振铃计数,并拟合每一循环内的振铃计数—荷载水平的相关曲线。视曲线拐点为有效声发射事件的判断点,其对应的横坐标值即为 f_q,同时计上一级循环中的最大加载为 $f_{q\max}$,C50 试验梁相关计算结果(3 榀试件平均值)见表 3-8,C40 试验梁相关计算结果(3 榀试件平均值)见表 3-9。

C50 构件荷载与费利西蒂比值关系 表 3-8

循环加载阶段	4	5	6	7	8	9	10
f_q(kN)	20.42	22.93	28.53	33.66	34	33.33	30.95
$f_{q\max}$(kN)	17.97	①24.97	31.98	②38.99	45.99	53	62.33
荷载水平(%)	22	31	39.5	48.1	56.7	65.4	76.9
费利西蒂比	1.14	0.92	0.9	0.863	0.739	0.629	0.497
凯塞效应成立性	成立	成立	成立	不成立	不成立	不成立	不成立

注:1. 表中①、②分别为桥梁正常使用时的相似荷载和拉区开裂时的相似荷载,见第 2 章;

2. 前 3 个循环加载段内未出现声发射信号,默认凯塞效应成立,且无历史应力影响。

C40 构件荷载与费利西蒂比值关系 表 3-9

循环加载阶段	4	5	6	7	8	9	10
f_q(kN)	16.99	19.33	18	20.14	19.81	—	—
$f_{q\max}$(kN)	15.44	①21.49	27.53	②33.57	39.61	—	—
荷载水平(%)	22.5	29.9	38.3	46.8	55.2	—	—

续上表

循环加载阶段	4	5	6	7	8	9	10
费利西蒂比	1.1	0.9	0.654	0.6	0.497	—	—
凯塞效应成立性	成立	成立	不成立	不成立	不成立	不成立	不成立

注:1. 表中①、②分别为桥梁正常使用时的相似荷载和拉区开裂时的相似荷载,见第2章;
2. 前3个循环加载段内未出现声发射信号,默认凯塞效应成立,且无历史应力影响;
3. 加载阶段9、10费力西蒂比远小于0.5,故不再统计。

从表中可以看出,当前期加载水平超过了构件的开裂荷载后,凯塞效应一定不成立。但是由于费利西蒂比并不趋近于0,材料对前期应力的记忆能力还存在,随着加载的推进,这种记忆能力也在逐渐衰退。对C50混凝土而言,材料记忆能力的衰退较慢,当前期加载水平到达极限荷载的76.9%时,费利西蒂比小于0.5,此时材料对前期应力的记忆性处于非主导地位,历史应力水平的影响较小;对C40混凝土而言,当前期加载水平到达极限荷载的55.2%时,费利西蒂比降为同等水平。C50构件的凯塞点大于C40构件,说明混凝土材料强度越高,脆性越大,凯塞效应越不明显。

从表中可以看出,构件在正常通行相似荷载作用下(21.49kN,24.97kN),凯塞效应一定成立,构件开裂后(33.57kN,38.99kN)凯塞效应一定不成立,这一特性于声发射检测有利。首先,凯塞效应在低应力阶段成立时,可有效避免声发射检测的误判。桥梁运行并经过一定磨合期后,由于凯塞效应,在正常通行状态下将不会出现声发射响应。反之,如果此时出现了声发射响应,则说明桥梁曾经或正在遭受超过正常通行荷载所能带来的损伤(超过极限荷载的30%);其次,凯塞效应在中高应力阶段不成立时,可有效减小声发射检测的漏判率。

3.2.3 小结

依据凯塞效应研究可以得出如下基本结论:在一般车行荷载作用时,由于凯塞效应的存在,将不会产生声发射。当结构受荷水平超过开裂荷载时一定会触发声发射信号;费利西蒂值随着加载阶段的推进不断变小,这说明构件在损伤演化的过程中,由于承载能力的减弱和损伤点的应力集中,声发射激活门槛变得越来越低;在小于极限承载力的30%的荷载激励下,预应力钢筋混凝土结构不会产生明显的声发射事件。如果在小于极限承载力的30%的荷载激励下产生了声发射现象,即声发射激活门槛变低,则可说明构件存在前期损伤。由于凯塞效应存在的应力范围很低,这为声发射损伤预警的应用提供了可能。

3.3 声发射损伤预警

声发射信号产生的数量与速率在不同程度上反映结构内部材料分子运动的活跃程度。

利用声发射信号的速率判断结构是否处于危险之中是声发射损伤预警的可行方法。在噪声信号干扰分析和凯塞效应的影响研究的基础上,通过试验室中分级数据的量化描述和对比寻找声发射速率与损伤危险阶段的对应关系是本节的研究重点。

3.3.1 速率预警阈值的确定

按照第2章要求布置仪器并采集各阶段声发射信号。识别并记录各通道相邻撞击的时间间隔,定义其倒数为声发射速率,各阶段内的平均速率列于表3-10。由于不同声发射系统提供的时间格式有所差异,到时参数的识别应注意时间格式的转化,C50梁和C40梁各取3榀,其声发射信号的平均速率见表3-10。其变化规律曲线如图3-9所示。

C50梁声发射信号速率(单位:次/s) 表3-10

加载阶段	3	4	5	6	7	8	9	10
C50 均值	7.80	10.50	65.60	106.57	111.27	76.16	90.05	118.72
C40 均值	0.40	18.39	111.46	39.35	38.97	31.84	72.37	82.34

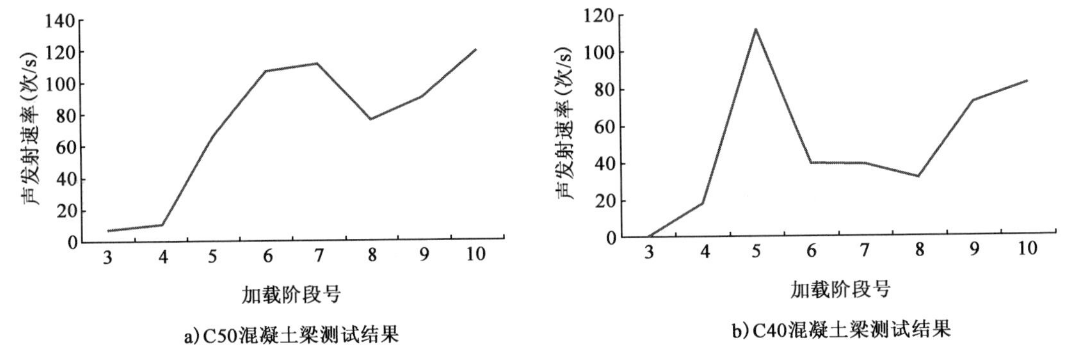

图3-9 混凝土声发射速率曲线

图3-9显示:C40梁、C50梁在第4阶段后声发射速率才开始急剧增大(图中斜率突变),此时正是桥梁结构正常通行状态下的相似荷载。由此可推论:在正常通行状态下,桥梁结构的声发射水平将维持在非常低的水平,C50梁在10次/s左右,C40梁在18次/s左右(该数据仅可作为参考)。

按上一节研究结论可知,在该应力水平下凯塞效应成立,对于老旧结构需考虑凯塞效应对声发射活性的影响。由于大部分桥梁的受荷历史无从考究,凯塞效应的影响很难定量判断。假设"桥梁在服役过程中未遭遇过超过正常使用荷载的外力",以试验中第4阶段的声发射速率作为桥梁初始服役时的正常通行声发射速率,并设50年后桥梁正常通行状态下的声发射速率为0(此时经过凯塞效应的长期作用,桥梁丧失了声发射活性),依桥梁实际服役年限按插值计算声发射的预警速率。在桥梁正常通行状态下进行声发射检测,如果此时声发射速率超过了预警速率则说明假设不成立,则可推断桥梁经历了超过正常通行状态的荷载并因此引发了损伤。

图3-9也表明，当加载超过一定阶段后，声发射速率将出现波动，但无论其值如何波动都远大于第4阶段的声发射速率水平，对预警判断不存在影响。

3.3.2 实际桥梁试测

为验证声发射速率的预警效果，选取某桥梁引桥的局部部位进行检测，该桥梁已服役30年，存在局部破损。检测部位包括盖梁一处，编号①；伸缩缝下部立柱一处，编号②；联内已加固立柱两处，分别编号为③、④；联内未加固立柱两处，分别编号为⑤，⑥。

按3.1节，选取测试部位受车行噪声影响不大，门限设定为40dB。测试桥梁混凝土等级更接近于C40，按C40梁测试结果并考虑凯塞效应设定预警速率为：$18\times(50-30)\div50=7.2$ 次/s，式中30为测试桥梁服役年限。测试结果见表3-11，按表中测试数据，编号⑤位置处立柱声发射速率超限。为避免在传播过程中的二次声发射信号，将编号⑤位置处立柱的检测门限提升至42dB，重新测试（表3-11中编号⑦），数据表明其声发射速率仍处于较高水平。在建议相关检测单位采用其他检测手段再次复查后，得到了一致结论。

老旧桥梁的声发射速率　　表3-11

编号	①	②	③	④	⑤	⑥	⑦
速率值（次/s）	0.9415	5.872	1.6327	0.7692	84.183	6.607	61.044

选取某新建桥梁部分部位，进行声发射检测，该桥2015年建成，测试时处于试运行阶段。检测部位包括桥面一处，编号①；桥面护栏一处，编号②；引桥中柱两处，分别编号为③、④；引桥边柱两处，分别编号为⑤、⑥，测试结果见表3-12。

新建桥梁的声发射速率　　表3-12

编号	①	②	③	④	⑤	⑥
速率值（次/s）	7.34	4.92	0.70	1.79	4.55	4.66

测试桥梁服役年限计为0，混凝土等级更接近于C40，预警速率为：$18\times(50-0)\div50=18$ 次/s。测试表明所测试部位声发射均未超限，桥梁完好。

3.3.3 小结

凯塞效应对声发射检测存在影响，但由于混凝土凯塞点处在一个非常理想的应力范围之内，其影响不大。凯塞点过高，将使得声发射技术丧失重要加载阶段的预警能力；反之，在长期正常通行下，声发射活性将逐步升高而不是降低，此时无法给出预警上限。从试验中的声发射速率分析来看，在正常使用情况下，桥梁结构的声发射水平非常低，当声发射速率出现明显提升时，可以认定结构正在发生损伤，并据此预警。

4 损伤定位技术

在发现结构损伤的基础上,实现局部损伤源的快速定位是声发射检测技术的重要议题之一。目前,区域定位和时差定位是最为基本的声发射损伤源定位方法,后者精度更高。对于突发性声发射信号一般利用声发射信号到时差和传感器间的几何关系推断损伤源位置即可;对于连续性声发射信号可采用互相关式时差定位、干涉式时差定位等定位方法。突发性声发射定位的研究是定位算法的基础且可通过简单的断铅试验验证,本章作重点介绍。

按照工程监测的实时化需求,声发射检测的定位工作应在传感器接收到声发射信号后随即完成,因此市面上可见的声发射检测系统中均集成了可用于定位计算可视化的程序。其核心算法多为时差类算法,该算法在理想状况下具有较高的损伤源识别精度,但仍存在缺陷,其计算结果稳定性很难得到保障。针对这一问题,本章首先通过断铅试验数据对声发射仪定位系统进行验证,分析影响其定位精度和稳定性的原因,并以此为切入点介绍能量辅助定位和变波速定位两种定位改进算法。

4.1 声发射仪定位系统的定位效果测试

4.1.1 断铅试验及定位效果

在对试验梁进行加载试验前,应通过断铅试验测试声发射波速和定位效果,取某一断铅效果最佳的试验梁,其分析参数设定如图 4-1 所示。

在梁的 1 号—2 号传感器中点、2 号—3 号传感器中点、3 号—4 号传感器中点各做三次断铅。断铅点和传感器布置见示意图 4-2。

在位置①处进行三次断铅试验,共接收 12 个波形数据,图 4-3 为第三次断铅所产生的声发射波形,三次断铅试验的定位信息见图 4-4。

图 4-4 中显示的“当前定位点:394”是指最后一次断铅的定位点为横坐标 394mm,其理论值为 400mm。5 号、6 号传感器为虚拟的传感器,其作用仅仅为限定构件边界,不参与计算。“总计算点数:3”是指断铅次数为 3 次。“定位总数:3”是指具有位置差异的定位点数,由于 3 次断铅试验在同一位置进行,此处理论值为 1,但依图中定位点显示,3 次定位虽存在

偏差，但也基本重合。

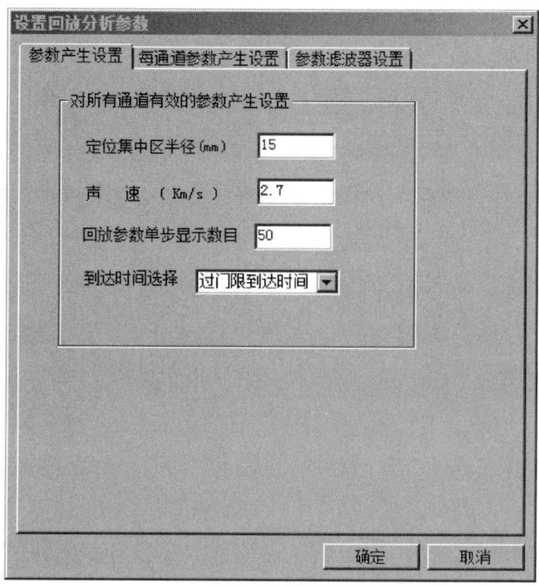

图 4-1 定位分析参数设定

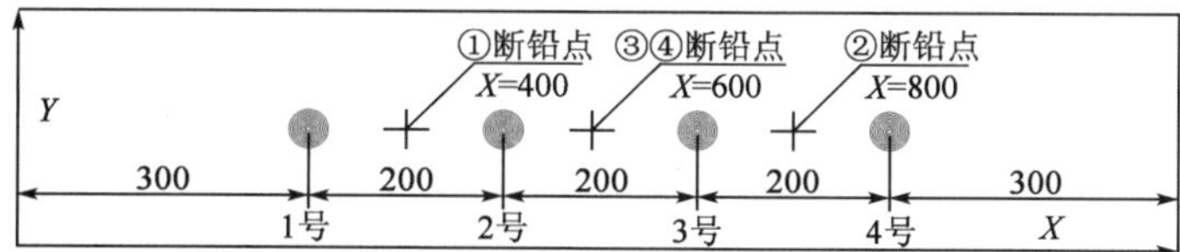

注：图中位置④系位置③的背投影位置

图 4-2 断铅位置和传感器布置(尺寸单位:mm)

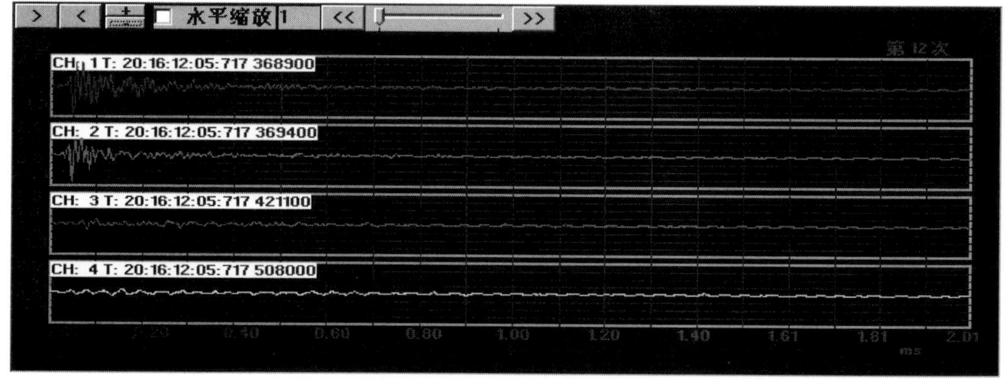

图 4-3 位置①第三次断铅试验波形

位置② 3 次断铅试验共接收 12 个波形数据，相关定位信息见图 4-5。从图中可以看出 3 次断铅产生的定位总数为 1，达到理论最优值。定位坐标值为 789mm，理论值为 800mm，相差很小。在位置③重复上述试验，定位信息如图 4-6 所示，最大误差为 612 - 600 = 12mm。

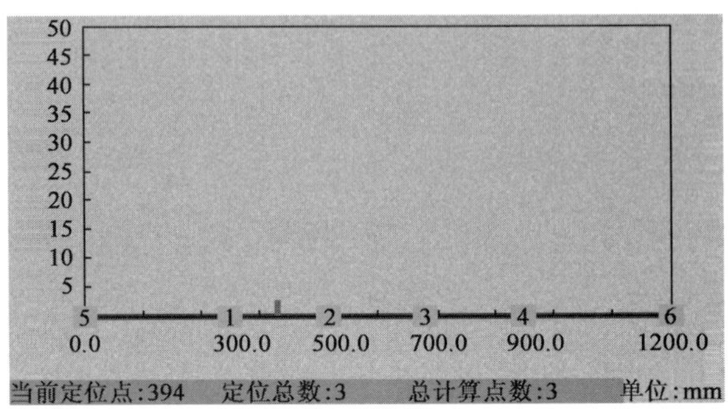

图 4-4　位置① 3 次断铅试验定位结果

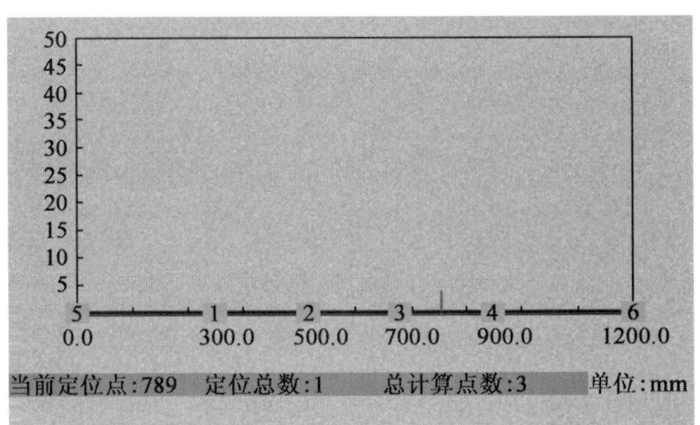

图 4-5　位置② 3 次断铅试验定位结果

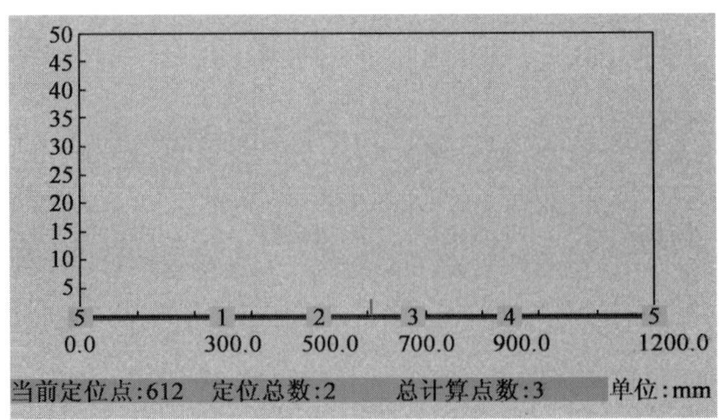

图 4-6　位置③ 3 次断铅试验定位结果

上述断铅试验中，传感器和断铅点均为同侧布置，此时声发射经构件表面传播，声发射传播路径相对简单。当波速设定合理时，可以取得较高的精度（达 cm 级）。但也应注意由于声发射波速受构件介质特性等多种因素的影响，不同试验梁的定位最佳波速可能出现差

异。仍采用图 4-1 中的参数设定(波速 2.7km/s),改变试验梁,在位置①进行 10 次断铅,其定位效果如图 4-7 所示。

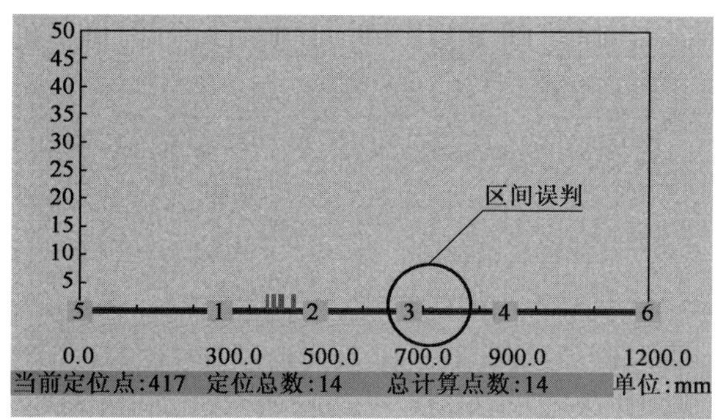

图 4-7 相同波速设定下不同试验梁位置①断铅的定位效果

图 4-7 中"总计算点数"14 大于断铅数 10,即说明出现了 4 次以上的误判。"定位总数"14 远大于 1,定位结果极不稳定。同时,图中出现的区间误判的情况(3 ~4 号传感器间出现了定位点),在实际检测过程中是完全不允许的。

改变断铅点位置,在位置④做 10 次断铅,此时传感器和断铅点异侧布置,声发射经构件内部传播,其传播路径相对复杂,所有试验梁的定位结果都不见稳定。其定位信息见图 4-8。图中"总计算点数"8 小于断铅数 10,说明定位系统出现了两次漏判。"定位总数"6 远大于理论值 1,说明数据组出线了严重偏差。

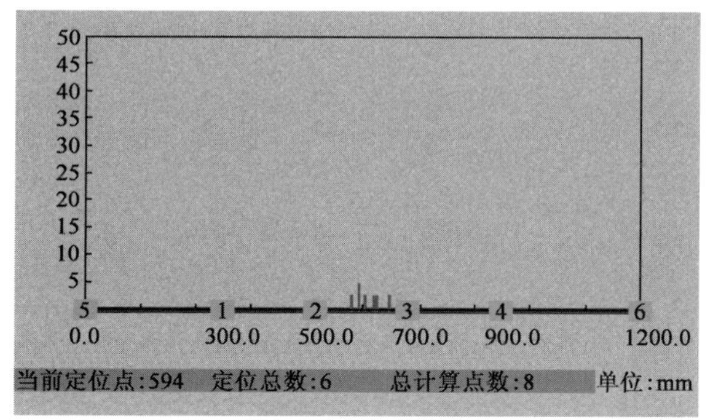

图 4-8 位置④10 次断铅试验定位结果

4.1.2 小结

当波速测定合理时,基于时差的定位方法具有较好的精度,理论上能够满足工程检测的需求。但由于钢筋混凝土材料内部介质构成的复杂性,声发射波速由于传播路径复杂而呈现出很大的波动,这导致了定位结果的不稳定性、不可复制性。

4.2 能量辅助定位

解决波速设定带来的声发射定位问题,大体有两种思路,一是找到可以回避波速计算的声发射定位算法(本节介绍能量辅助定位方法);二是承认声发射波速的波动性,在每一次定位计算前都附加一次波速修正。

4.2.1 能量的定义及能量衰减

能量计数可分为总计数与计数率,能量计数是指信号检波包络线下的面积,可以反映事件的相对能量和强度,对门槛、工作频率和传播特性不敏感,可取代振铃计数,也用于波源类型的鉴别。能量计数率则指单位时间内材料释放出的声发射信号能量。

$$E(x_i) = \frac{1}{R}\int_0^t V^2(x_i,t)\,\mathrm{d}t \tag{4-1}$$

式中:$E(x_i)$——位置 x_i 处瞬态信号的能量,位置信息 x_i 不参与积分计算;

$V(x_i,t)$——该位置电压随时间的变化函数;

R——电路阻抗;

t——信号持续时间。

利用传感器记录到的电压时程,按上式即可求得声发射能量参数,在声发射仪器系统中,一般是通过内部运算直接给出能量参数计算结果。对一次声发射事件,得到所有传感器信号的能量参数后,利用传感器位置信息 x_i,构建依空间位置信息而变化的能量序列$\{E_1,E_2,E_3\cdots\}$,即可确定声发射能量的空间衰减规律。依此规律即可反推发射源位置,进而定位损伤。

为研究声发射能量的空间衰减规律,选定一 C40 梁,在图 4-2 所示位置①做 3 次断铅;选定一 C50 梁,在图 4-2 所示位置②做 3 次断铅。记录断铅的能量参数并依位置拟合,计算结果见图 4-9、图 4-10。

从图 4-9、图 4-10 中拟合公式来看,无论 C40 梁还是 C50 梁,其能量参数随传播距离均满足指数衰减的规律,且距离衰减因子在(3.7,4.8)的范围内。

4.2.2 能量定位算法

由 4.2.1 可知声发射能量在空间上服从明显的指数衰减规律,可设:

$$E_i = kE_0\mathrm{e}^{-\alpha x_i} \tag{4-2}$$

式中:x_i——传感器位置信息;

E_0——声发射源的能量参数;

k——常数;

α——距离衰减因子。

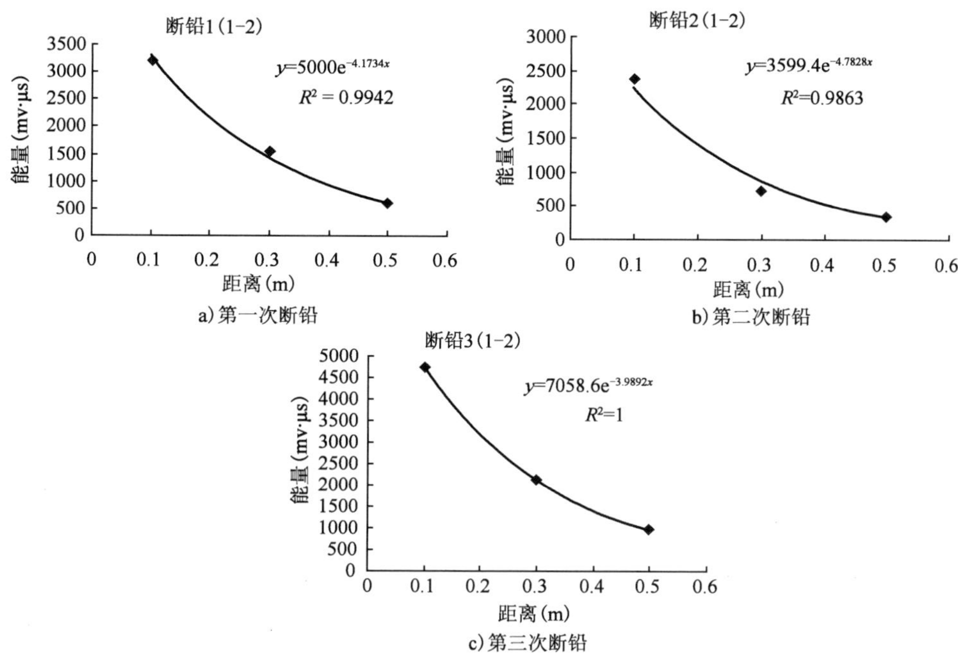

注：1.图中传感器布置同图4-2，但1号传感器位置取为坐标原点；

2.图中横坐标0.1为1号、2号传感器位置，其纵坐标为两者记录声发射能量的均值；横坐标0.3为3号传感器位置，0.5为4号传感器位置；

3.下同。

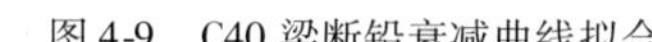

图 4-9　C40 梁断铅衰减曲线拟合

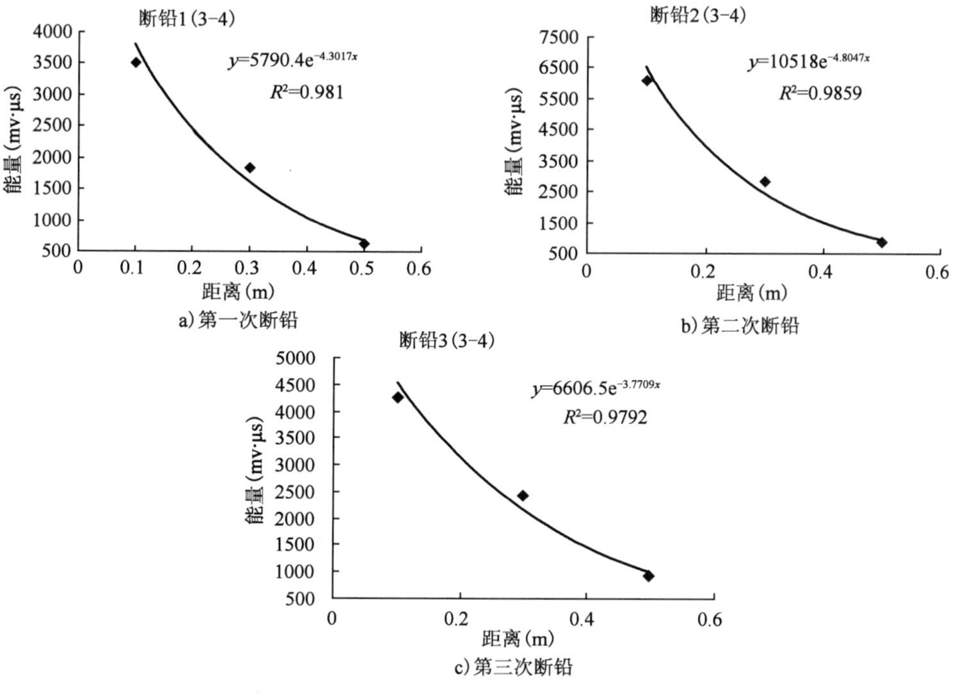

图 4-10　C50 梁断铅衰减曲线拟合

首先，依传感器能量大小确定断铅点区间位置，如传感器能量参数为1号、2号传感器最大，3号传感器次之，4号传感器最小，则说明损伤点处于1号、2号传感器之间。此时，双传感器检测，三传感器检测，四传感器检测的定位方法如下。

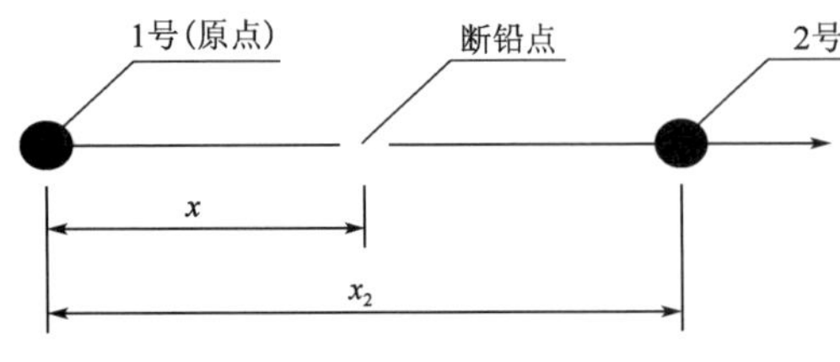

图4-11 双传感器布置坐标信息

(1)双传感器定位

双传感器检测时，传感器布置和空间坐标位置信息见图4-11。其中1号传感器默认布置于坐标原点。

由声发射能量比：

$$\frac{E_2}{E_1} = e^{-\alpha[(x_2-x)-x]} \tag{4-3}$$

可得断铅点定位坐标：

$$x = \frac{1}{2}\{x_2 + \alpha_2^{-1}\ln(\frac{E_2}{E_1})\} \tag{4-4}$$

式中 α_2^{-1} 定义为双传感器计算得到的距离衰减因子的倒数，下标代表传感器数量，该值可在4.2.1节中的衰减因子取值范围内通过试算选取。

(2)三传感器点位

三传感器检测时，传感器布置和空间坐标位置信息见图4-12。其中1号传感器仍默认布置于坐标原点。

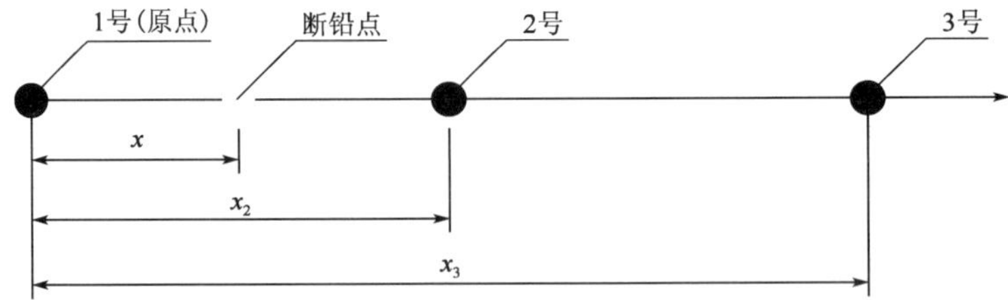

图4-12 三传感器布置坐标信息

参考式(4-4)，1号—2号，1号—3号传感器的两两定位结果分别为

$$x = \frac{x_2}{2} + \frac{\ln(E_2/E_1)}{2\alpha}, x = \frac{x_3}{2} + \frac{\ln(E_3/E_1)}{2\alpha} \tag{4-5}$$

以两者均值作为新的定位坐标：

$$x = \frac{1}{4}\left\{x_2 + x_3 + \frac{\ln(E_2E_3/E_1E_1)}{\alpha}\right\} \tag{4-6}$$

利用2号—3号传感器计算 α，有

$$\frac{E_2}{E_3} = e^{-\alpha(x_2-x_3)} \tag{4-7}$$

$$\frac{1}{\alpha} = \frac{x_2 - x_3}{\ln(E_3/E_2)} = \alpha_3^{-1} \tag{4-8}$$

式中 α_3^{-1} 定义为三传感器计算得到的距离衰减因子的倒数,下标代表传感器数量,将式(4-8)代入式(4-6)可得:

$$x = \frac{1}{4}\{x_2 + x_3 + \alpha_3^{-1}\ln(E_2E_3/E_1E_1)\} \tag{4-9}$$

需特别说明的是,上述求解过程中各传感器能量数据均使用了两次,保证了方程组的等权性,且求解过程明了简单。

(3)四传感器检测

四传感器检测时,传感器布置和空间坐标位置与上述两图类似不再单独作图。参考式(4-4),1 号—2 号,1 号—3 号,1 号—4 号传感器的两两定位结果分别为:

$$x = \frac{x_2}{2} + \frac{\ln(E_2/E_1)}{2\alpha}, x = \frac{x_3}{2} + \frac{\ln(E_3/E_1)}{2\alpha}, x = \frac{x_4}{2} + \frac{\ln(E_4/E_1)}{2\alpha} \tag{4-10}$$

以三者均值作为新的定位坐标:

$$x = \frac{1}{6}\{x_2 + x_3 + x_4 + \alpha_4^{-1}\ln(E_2E_3E_4/E_1E_1E_1)\} \tag{4-11}$$

式中 α_4^{-1} 定义为四传感器计算得到的距离衰减因子的倒数。同样,应注意上述过程中 1 号传感器数据使用次数为 3,因此在计算距离衰减因子时,不再使用 1 号传感器数据,以 2 号—3 号,2 号—4 号,3 号—4 号传感器两两计算结果为依据。

$$\frac{1}{\alpha} = \frac{x_2 - x_3}{\ln(E_3/E_2)}, \frac{1}{\alpha} = \frac{x_2 - x_4}{\ln(E_4/E_2)}, \frac{1}{\alpha} = \frac{x_3 - x_4}{\ln(E_4/E_3)} \tag{4-12}$$

上述三式平均结果即为 α_4^{-1}。

如果传感器能量参数为 2 号、3 号传感器最大,3 号、4 号传感器次之,则说明损伤点处于 2 号、3 号传感器之间。此时,四传感器检测时,应利用 2 号—3 号传感器,1 号—4 号传感器计算定位坐标;1 号—2 号传感器,3 号—4 号传感器计算距离衰减因子。各传感器能量数据均参与计算两次,方程等权。

如果传感器能量参数为 3 号、4 号传感器最大,2 号传感器次之,1 号传感器最小,则说明损伤点处于 3 号、4 号传感器之间。此时,四传感器检测时,应利用 4 号—3 号传感器,4 号—2 号传感器,4 号—1 号传感器计算定位坐标;1 号—2 号传感器,2 号—3 号传感器,1 号—3 号传感器计算距离衰减因子。各传感器能量数据均参与计算三次,方程等权。

4.2.3 能量定位法定位效果

对图 4-10 中所示位置 1 号—3 号各进行三次断铅,采集数据后,利用 4.2.2 中能量定位方法,定义 1 号传感器位置为坐标原点,计算定位结果见表 4-1。

钢筋混凝土梁能量定位结果(单位:m)　　表 4-1

断铅点	定位值	实际值	绝对误差
位置 1:1 号—2 号			
1	0.3999	0.4000	-0.0001
2	0.4002	0.4000	0.0002
3	0.3982	0.4000	-0.0018
平均值	0.3994	0.4000	-0.0006
位置 2:3 号—4 号			
2	0.7936	0.8000	-0.0064
1	0.7926	0.8000	-0.0074
3	0.8006	0.8000	0.0006
平均值	0.7956	0.8000	-0.0044
位置 3:2 号—3 号			
1	0.5978	0.6000	0.0022
2	0.5986	0.6000	0.0014
3	0.6006	0.6000	0.0006
平均值	0.5990	0.6000	-0.0010

4.2.4 小结

基于能量的定位方法,可有效提高声发射检测的定位精度。由于定位前采用了简单区位判定法则,可有效避免区位误判的问题。能量定位方法科学有效,数据的利用率高,且有效地避免了波速设定的问题。由于时差定位是当前声发射仪器定位系统的主流计算方法,能量辅助定位方法虽然通过回避波速设定等一系列问题获取了较高的定位精度,但仍未解决这一问题。下节将对波速设定对声发射定位效果的影响及相应解决办法进行详细的说明。

4.3 变波速定位方法

目前,突发型声发射信号的损伤源定位以时差定位方法为主,根据被检测物体的几何特性,时差定位方法又可按待检测物体几何维数细分。连续型声发射信号的损伤源定位虽以时差定位方法为主,但在确定时间差时,需引入互相关和波形干涉的概念。不管采用何种时差定位方法,由时间差反算声发射源与不同传感器的距离差,从而推断损伤源位置是基本原理。在反算发射源与不同传感器的距离差时,需借用波速测定的定量结果。由于声发射传播过程中的反射、散射和波形转换,声发射信号的波速很难统一设定,这将导致定位结果的不稳定。通过阵列传感器采集信号实时反演不同声发射事件的定位波速,并将其应用于每一次事件定位的过程之中是本节需解决的主要问题。为简要说明波速反演的基本流程，也由于混凝土结构中的主要构件(柱、梁)三向尺寸差距较大，本节主要讨论一维时差定位方法的改进。

4.3.1 波速设定对定位的影响

声发射在介质中的传播速度与传播介质有关，介质中的材料特性(弹性模量、密度、泊松比)控制弹性、各相同性、无限大空间体的理论波速。介质中的几何特性反映波的反射、折射、波形转换对波速的影响，传感器的布置以及与声发射源的相对位置关系都会影响波的传播路径，从而影响波速的判定。在声发射试验中，通过前期断铅试验的试测结果计算声发射波速并认定其为恒定值的做法存在不妥之处。有时，定点断铅测定的波速和实际波速差异很大，并依传感器布置情况对声发射源定位精度产生不同的影响。本节主要以量化结果讨论波速设定误差对声发射源定位的影响，进而对变波速设定方法的必要性进行说明。

为说明该问题，在图 4-10 所示位置①、位置②进行断铅试验，并采集声发射数据。按波速间隔 0.1km/s，在 2 ~ 3km/s 的波速范围内对断铅点进行定位计算。为反映传感器布置与波速设定误差对声发射定位的综合影响，在每一波速设定下，分别计算 3 组双传感器定位结果。以 1 号传感器为零点，对位置 1，采用 1 号—2 号、1 号—3 号、1 号—4 号传感器的两两组合进行定位，其计算结果见表 4-2(理论值 0.1m)；同理，对位置 2，采用 4 号—3 号、4 号—2 号、4 号—1 号传感器的两两组合进行定位，其计算结果见表 4-3(理论值 0.5m)。

位置①变波速传感器两两定位结果　　表 4-2

波速(km/s)	1 号—2 号	1 号—3 号	1 号—4 号	加权平均
2	0.091	0.119	0.143	0.125
2.1	0.091	0.115	0.135	0.120
2.2	0.09	0.111	0.128	0.115
2.3	0.09	0.107	0.12	0.110
2.4	0.089	0.103	0.112	0.105
2.5	0.089	0.099	0.104	0.100
2.6	0.088	0.095	0.096	0.094
2.7	0.088	0.091	0.088	0.089
2.8	0.087	0.087	0.081	0.084
2.9	0.087	0.083	0.073	0.079
3	0.086	0.079	0.065	0.073
最大误差	0.014	0.021	0.035	

注：表中定位单位为 m。

位置②变波速传感器两两定位结果 表4-3

波速(km/s)	4号—3号	4号—2号	4号—1号	加权平均
2	0.507	0.489	0.48	0.488
2.1	0.507	0.493	0.489	0.494
2.2	0.508	0.498	0.498	0.500
2.3	0.508	0.502	0.507	0.506
2.4	0.509	0.507	0.516	0.512
2.5	0.509	0.511	0.525	0.518
2.6	0.509	0.515	0.534	0.523
2.7	0.51	0.52	0.543	0.530
2.8	0.51	0.524	0.552	0.535
2.9	0.51	0.529	0.561	0.541
3	0.511	0.533	0.57	0.547
最大误差	0.011	0.033	0.07	

注:表中定位单位为m。

表4-2中1号—2号传感器的最佳定位波速小于2km/s,1号—3号传感器的最佳定位波速为2.5km/s,1号—4号传感器的最佳定位波速在2.5~2.6km/s之间,三者的最佳加权定位波速为2.5km/s。定位坐标加权平均值,按照公式(4-13)计算:

$$S_q = \sum_{i=2}^{4} \frac{\sigma_{1i}}{\sigma_{12} + \sigma_{13} + \sigma_{14}} S_{1i} \tag{4-13}$$

式中:S_q——定位坐标加权平均值;

S_{1i}——1号—i号传感器的定位坐标($i=2,3,4$);

σ_{1i}——1号—i号传感器定位时因波速改变的最大误差($i=2,3,4$)。

加权目的在于保证每组传感器两两定位结果的误差相当。

表4-3中4号—3号传感器的最佳定位波速小于2km/s,4号—2号传感器的最佳定位波速在2.2~2.3km/s之间,4号—1号传感器的最佳定位波速为2.2km/s,三者的最佳加权定位波速为2.2km/s。定位坐标加权平均值,按照公式(4-14)计算:

$$S_q = \sum_{i=1}^{3} \frac{\sigma_{4i}}{\sigma_{43} + \sigma_{42} + \sigma_{41}} S_{4i} \tag{4-14}$$

式中:S_q——定位坐标加权平均值;

S_{4i}——4号—i号传感器的定位坐标($i=1,2,3$);

σ_{4i}——4号—i号传感器定位时因波速改变的最大误差($i=1,2,3$)。

加权目的同上。

综上可见:源位置不同、传感器位置不同时,具有最小定位误差的最佳设定波速不同,声发射波速为变量;当传感器布置不同时,表4-2、表4-3中反映的最大误差水平具有明显的变化规律,传感器距离声发射源越近定位效果越好。

4.3.2 波速反演方法

在不考虑声发射到时测定误差的情况下(精度往往在 10^{-7}s 级别),对同一次声发射事件,利用不同传感器 i、j 所记录数据得到定位坐标 S_{ij}:

$$S_{ij} = Z_{ij} + \frac{1}{2}[v_d \times \Delta t_{ij}] = Z_{ij} + \frac{\Delta S_{ij}}{2v}v_d \tag{4-15}$$

式中:Z_{ij}——传感器 i、j 的连线中心坐标值,随传感器布置位置而变;

v_d——设定计算波速,可视为自变量;

Δt_{ij}——传感器 i、j 接收到声发射信号的时间差;

ΔS_{ij}——传感器 i、j 接收信号的距离差,受到传感器位置影响;

v——真实波速。

从式(4-15)可以看出,取不同的设定计算波速,传感器 i、j 的定位点坐标成线性变化规律,其斜率与 v 和 ΔS_{ij} 相关。斜率越小,波速的设定误差对定位结果影响越小。由于在同一次声发射采样时,v 视为定值,因此调节 ΔS_{ij} 大小是关键,ΔS_{ij} 的上下限见式(4-16):

$$0 \leqslant \Delta S_{ij} \leqslant D_{ij} \tag{4-16}$$

式中:D_{ij}——传感器 i、j 的间距,当声发射源与传感器位置重合时取该上限值。当声发射源刚好处于传感器中心位置时,取下限0。

当声发射源位置不能预估时,应尽量减小 D_{ij},即控制 ΔS_{ij} 的上限值。当声发射源位置可预估时,应尽量沿源对称布置传感器,使得 $\Delta S_{ij} \to 0$,这样可大大减小波速不定对定位误差的影响。

当设定波速 $v_d = v$ 时,有:

$$S_{ij} = Z_{ij} + \frac{\Delta S_{ij}}{2v}v_d = Z_{ij} + \frac{1}{2}\Delta S_{ij} == S \tag{4-17}$$

式中:S——声发射源真实坐标。

上式表明:当设定波速等于真实波速时,不同传感器组别的两两定位结果会达成统一。因此,若以设定波速为横坐标,传感器阵列的两两定位效果为纵坐标作图,定位直线的交点就能反映本次声发射信号的真实波速。这就是波速反演方法的基本原理。

4.3.3 波速的反演方法定位效果

按照图4-2所示位置①、位置②分别断铅三次得到4个传感器的相应声发射到时信息见表 4-4、表 4-5。

位置①三次断铅到时信息　　表 4-4

断 铅 试 验	序　　号	到达时间(mmm:uuunnn)	通　道　号
第一次 断铅试验	1	128:472000	1
	2	128:479600	2
	3	128:550400	3
	4	128:626900	4
第二次 断铅试验	5	902:125000	1
	6	902:133000	2
	7	902:203800	3
	8	902:280300	4
第三次 断铅试验	9	717:369400	1
	10	717:378400	2
	11	717:450100	3
	12	717:526100	4

位置②三次断铅到时信息　　表 4-5

断 铅 试 验	序　　号	到达时间(mmm:uuunnn)	通　道　号
第一次 断铅试验	1	960:291800	4
	2	960:298900	3
	3	960:380600	2
	4	960:471800	1
第二次 断铅试验	5	066:475600	4
	6	066:480800	3
	7	066:563700	2
	8	066:655900	1
第三次 断铅试验	9	859:552500	4
	10	859:559600	3
	11	859:640700	2
	12	859:732800	1

按式(4-15)对表 4-2 中三次断铅试验中的 4 个传感器进行两两定位，为准确反演波速，设定波速搜索区间扩大为[1,5]，对 1 号—2 号传感器、1 号—3 号传感器、1 号—4 号传感器、2 号—3 号传感器、2 号—4 号传感器、3 号—4 号传感器的三次断铅的计算结果见图 4-13。

图 4-13 中分图 a)，1 号—2 号、1 号—3 号、1 号—4 号传感器定位直线交汇点横坐标在

2.6 ~ 2.8km/s 之间,且三次试验吻合性较好。参考表 4-2,在此波速范围内,加权定位误差范围在 6 ~ 16mm 之间,其精度工程上完全可以接受。第二、三次断铅试验所得结论相同,不再赘述。

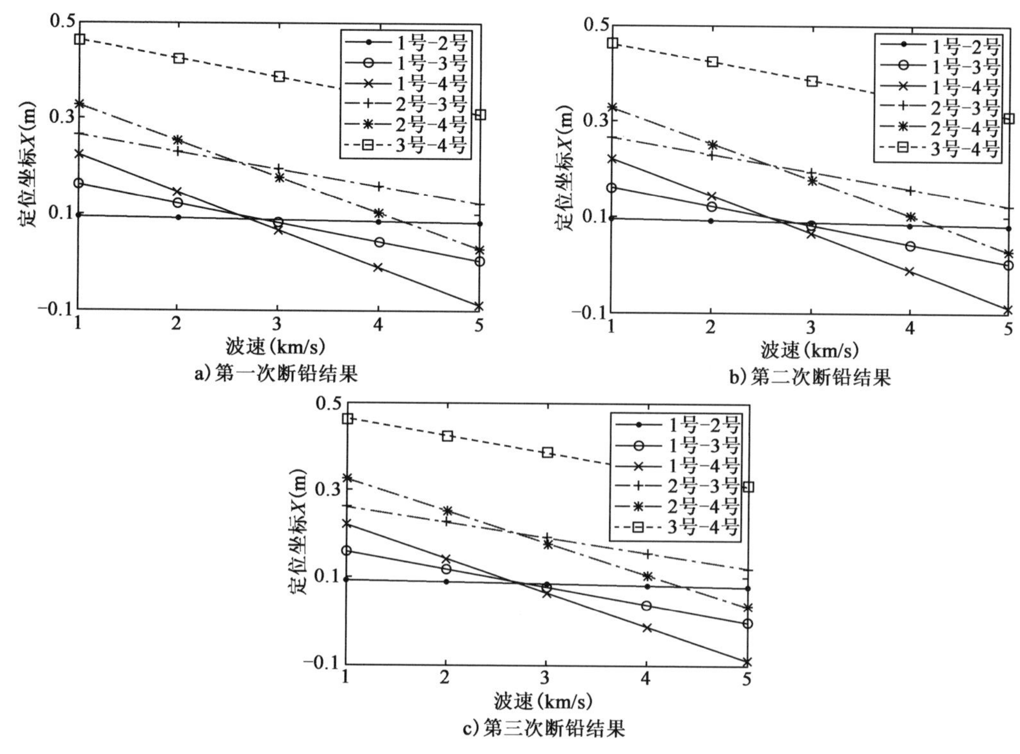

图 4-13　位置①断铅定位

由于声发射源处于 1 号—2 号传感器中点位置,即 $\Delta S_{12}=0$。此时,1 号—2 号传感定位直线的斜率接近于零,波速不定性对定位效果的影响最小,这与 4.3.2 推论一致。

由于 $\Delta S_{13}=\Delta S_{23}=\Delta S_{34}=0.2\text{m}$,1 号—3 号,2 号—3 号,3 号—4 号传感器定位直线的斜率相等。由于 $\Delta S_{14}=\Delta S_{24}=0.4\text{m}$,1 号—4 号,2 号—4 号传感器定位直线的斜率相等。可见:波速不定性对定位效果的影响程度随 ΔS_{ij}变化。

依 2 号—3 号、2 号—4 号传感器的定位直线交点可反映声发射真实波速,但此时定位具有偏移,错误的定位信息将靠近 2 号传感器。时差定位无法实现区域外定位,这也是区间误判(图 4-4)出现的原因。此时,可借助 4.2 节能量定位时所用的区间搜索方法实现误判排查。

同理,按式(4-15)对表 4-3 中三次断铅试验中的 4 个传感器进行两两定位对 4 号—3 号传感器、4 号—2 号传感器、4 号—1 号传感器、3 号—2 号传感器、3 号—1 号传感器、2 号—1 号传感器的三次断铅的计算结果见图 4-14。

图 4-14 中三次定位的试验结论与图 4-13 类似，图中 4 号—3 号、4 号—2 号、4 号—1 号传感器定位直线交汇点横坐标反映的声发射波速在 2.2～2.4km/s 之间。三条直线虽不能完全交汇于一点，但十分靠近，三条直线的交汇区大小说明了到时采集的误差。

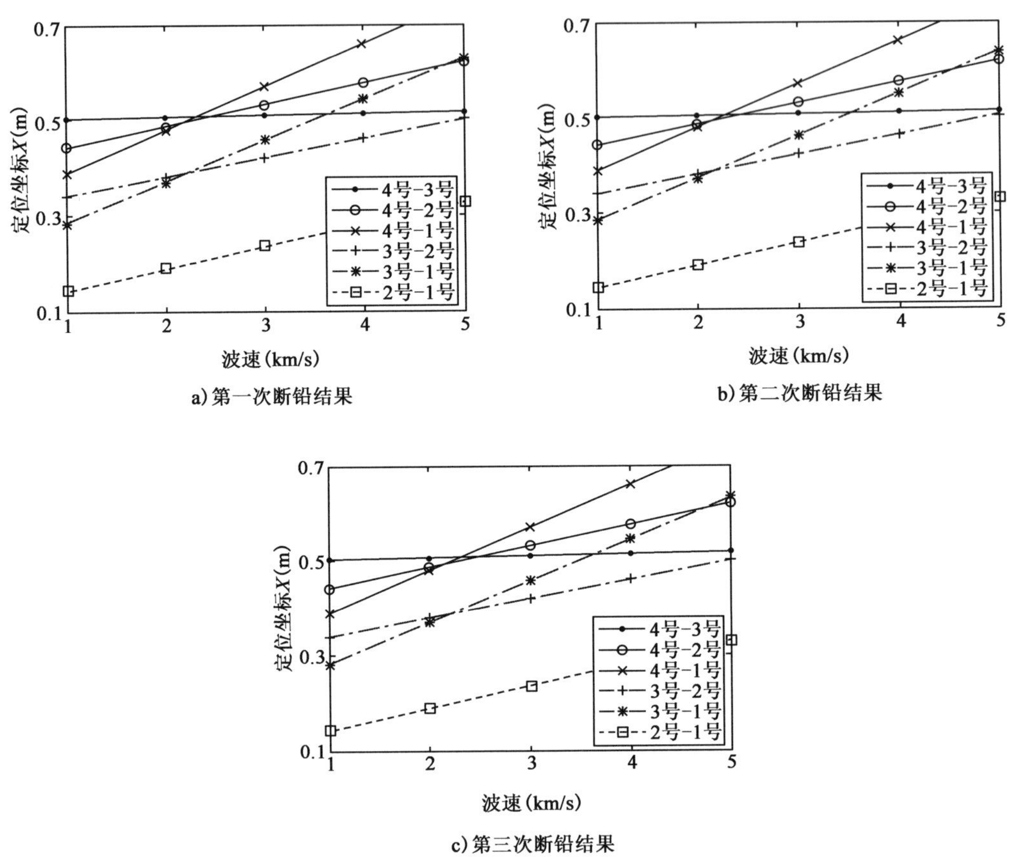

a) 第一次断铅结果

b) 第二次断铅结果

c) 第三次断铅结果

图 4-14　位置①断铅定位

参考表 4-3，在此波速范围内，加权定位误差范围在 0～12mm 之间，其定位精度和定位结果波动均在可以接受范围。第二次、第三次断铅试验结论相似，不再赘述。

同样，由于定位点在 4 号—3 号传感器中点位置，即 $\Delta S_{43}=0$，4 号—3 号传感器定位直线的斜率接近于零，此时波速不定性对定位效果的影响最小，这与 4.3.2 推论一致。

由于 $\Delta S_{42}=\Delta S_{32}=\Delta S_{21}=0.2\text{m}$，4 号—2 号，3 号—2 号，2 号—1 号传感器定位直线的斜率相等。由于 $\Delta S_{41}=\Delta S_{31}=0.4\text{m}$，4 号—1 号，3 号—1 号传感器定位直线的斜率相等。可见：波速不定性对定位效果的影响程度随 ΔS_{ij} 变化。

3 号—2 号、3 号—1 号传感器的布置并不能找到真正的声发射源，但其定位直线的交点可以捕捉真实波速。此时，可借助 4.2 节能量定位时所用的区间搜索方法优化传感器布置，以排除定位过程的区间误判。

4.3.4 小结

声发射波速的设定对声发射定位效果影响明显，在诸多影响因素中，与声发射源位置相关的传感器布置最为重要。波速反演所用到的定位直线图可以准确地反映声发射定位误差产生的物理机制。为减小波速设定造成的影响，传感器应尽量依声发射源对称布置，且间距不宜过大。当声发射源位置不宜预判时，应参考能量定位方法中的区位判定方法，实现传感器布置优化。

5　损伤定性判断

1958 年苏联学者 L. M. Kachanov 首次提出“损伤”这一概念：在不合适的环境中（外荷载、温度、腐蚀等）或者在机械作用等条件下固体材料内部微观裂缝、微观空洞经过萌生、汇合、扩展等一系列演化过程后造成材料局部劣化现象。材料损伤会导致材料强度、刚度、韧性下降并大幅度减少材料的使用寿命。

损伤定性评价是结构损伤检测的重要内容之一，也是结构维护和加固的重要依据。损伤模式识别是定性评价的最主要研究内容，在本书中损伤模式主要指损伤源损伤类型。

5.1　基于数据聚类与分类的损伤模式识别

钢筋混凝土构件裂纹产生、扩展和失稳的演化过程具有一定的时序规律，构件受弯破坏过程大致可分为四个阶段。各阶段性物理特征主要表现为：第一阶段，构件自身缺陷处发生应力集中，薄弱部位的构件达到抗裂强度，由于微裂纹的出现而产生损伤释放的能量很小，混凝土的应力—应变关系曲线具有较好的线性关系，材料处于准线性阶段，破坏形式表现为出现分散性微裂纹；第二阶段，微裂纹的不断扩展，由于砂浆和骨料接触面沿开裂面产生了相对滑动，裂纹开始向砂浆中扩展，此时，众多的微裂纹缓慢、稳定的发展着，如果停止加荷，裂纹扩张将停止，因此该阶段裂纹的演化过程也叫作稳定的裂纹扩展阶段，破坏形式表现为宏观裂纹的出现；第三阶段，宏观裂纹进一步发展，随着应变的增大，钢筋与混凝土的滑移成为了主导因素，应力—应变关系曲线表现出了强烈的塑性特征，破坏形式表现为拉区混凝土裂纹宽度增大。第四阶段，压区混凝土破坏，构件完全失效。

由于上述损伤模式的出现具有一定的时序特征，对损伤模式的识别在一定程度上也等价于结构损伤程度的识别，后者已属于损伤量化判断的范畴。为避免人为切分加载段所带来的分类错误，本节试验数据均采用 2.3.6 节中提及的直接加载方式获取。由于结构的损伤模式总类已知，因此这类方法总体上是一种分类分析方法。在实施此步骤之前，需对各声发射信号进行统计特征分析，并归并相似声发射信号，由于相似声发射信号的类群数未知，该步骤是一种聚类分析方法。

5.1.1　声发射信号的聚类原则

声发射信号聚类需遵循的两个假设。

①声发射的持续时间、振铃计数、能量等参数具有明显的线性相关关系。

②同聚类声发射信号具有统计意义上的相似波形。

假设①可翻译为:一个声发射信号的持续时间越长,该信号的能量也越大,其衰减过程中所历经的振荡次数也越多,可通过参数间的相关关系加以证明(见后文)。其现实意义是:如果假设①成立,控制了持续时间在一定程度上相当于同时控制了声发射大部分参数。

为证明假设①,作持续时间—能量、持续时间—振铃计数相关图,见图5-1。

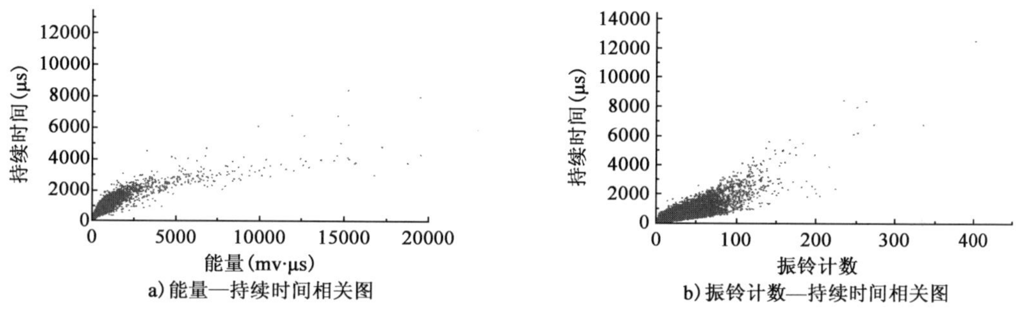

图5-1 声发射参数相关图

从图5-1可见,大部分声发射信号的能量参数、振铃计数均与持续时间呈明显正比关系,仅有小部分数据不符合该趋势。为量化其线性相关性,引入皮尔逊相关系数定义。

设 $a(n)$ 为某一声发射事件的持续时间,$b_i(n)$ 在 $i=1,2,3$ 时分别代表该声发射事件的能量、振铃计数和幅度,持续时间与其他声发射参数间的相关性系数公式如下。

$$\rho_{ab} = \frac{\sum_{n=1}^{+\infty} a(n) b_i(n)}{\left[\sum_{n=1}^{+\infty} a^2(n) \sum_{n=1}^{+\infty} b_i^2(n)\right]^{\frac{1}{2}}} \tag{5-1}$$

相关系数的取值范围为 $-1 \leqslant \rho_{ab} \leqslant 1$,正值代表正相关,负值代表负相关。$|\rho_{ab}| \leqslant 0.3$,表明参数间不存在线性相关关系,$0.3 < |\rho_{ab}| \leqslant 0.5$,表明参数间线性相关不显著,$0.5 < |\rho_{ab}| \leqslant 0.8$,表明参数间线性相关关系显著,$|\rho_{ab}| > 0.8$ 则表明参数间高度线性相关。具体参数分析见下表:

声发射参数间的相关关系 表5-1

相关性系数和相关性	能量	振铃计数	幅度(dB)
持续时间	0.796	0.875	0.789
相关性判断	显著相关	高度相关	显著相关

由表5-1可知:持续时间与能量、振幅、振铃计数之间相关性显著,持续时间和振铃计数更是达到了高度线性相关的水平,这与大多数混凝土构件破坏过程中声发射参数相关性的研究结论相同。因此,当调整持续时间参数时,声发射的能量、振铃计数都会产生联动。

首先,在假设②中,“相似波形”要求信号波形形状相似,严格地说即幅值相等,且具有相同的单撞击振铃计数。由于振铃计数 = 撞击数 × 单撞击振铃计数,而对同类声发射信号单撞击振铃计数为常数,则要求振铃计数和撞击数呈严格意义的正比关系。其次,幅值相等的条件对声发射聚类过于严苛,应将表述降低为同聚类声发射信号幅值波动不大,且具有相同的单撞击振铃计数。此时由于单撞击振铃计数为常数,幅值—振铃计数相关图与幅值—撞击数相关图形状仅存在量值的差异,形状完全一致;最后,“相似波形”是一种统计意义上的描述,高幅值信号存在更多的波动这是前文已得出的结论(单撞击振铃计数为常数过于苛刻),因此,上文所述两张相关图形状不可能完全一致,而仅要求在统计意义上一致,这要求其分布中心(期望)相等,方差尽量小。

依上文描述,“幅值—振铃计数相关图与幅值—撞击数相关图分布中心相等,且方差较小”则是“相似波形”的数学描述。课题中称其为条件①和条件②。由于假设①成立,以持续时间为主要滤值,振铃计数、能量为次要滤值进行局部的缩限分析。当所筛选出信号同时满足条件①、条件②时,即可认定为同聚类信号。其具体操作步骤为:第一步:不断缩小持续时间范围筛分信号;第二步:检验条件①②是否成立,如成立,停止缩限;如不成立,重复第一步。第三步:将已归类信号剔除,对剩余信号重复步骤一,直到所有信号聚类完毕。

条件①要求筛选后的信号统计得到的振幅—振铃计数相关图与振幅—撞击数相关图中,振铃计数和撞击数峰值所对应的横坐标(振幅值)相同。

统计同一振幅声发射信号的振铃计数/撞击数,其物理意义为同振幅信号的平均振铃计数。将所有振幅对应的平均振铃计数统计完成后,以振铃计数/撞击数为横坐标,该平均振铃计数下的撞击数为纵坐标作相关图。其峰值对应的横坐标则表示发生频度最高的平均振铃计数。同时定义聚类内总振铃计数/总撞击数为该聚类的平均振铃计数。若聚类的平均振铃计数等于发生频度最高的平均振铃计数则说明振铃计数的离散性最小。此时,条件②满足。

5.1.2 试验梁聚类分析

对 C40 梁进行直接加载,对采集数据按照 5.1.1 方法进行分析,按持续时间由大到小搜索并统计声发射参数。为减小计算量,0 ~ 10μs 内按 1μs 间隔搜索,10 ~ 1000μs 内按 5μs 间隔搜索,1000 ~ 2000μs 则按 100μs 间隔搜索。第一次搜索至 0 ~ 7μs 时,条件①②同时满足,归为聚类 1。对排除聚类 1 后的数据重复上述步骤并最终将 C40 混凝土破坏过程的声发射数据归为 14 类,聚类参数见表 5-2。由于持续时间与能量和振铃计数的相关系数并不等于 1,假设①并不时时成立,循环搜索有时可能会失效,此时可采用辅助参数进行筛选,其主要针对不满足假设①的奇异信号,过滤后数据漏选率也列于表 5-2。

梁破坏过程的声发射聚类

表 5-2

类号	峰值振幅	振幅范围	持续时间	辅助参数		总撞击数	振铃计数	平均振铃	漏选率
1	50.4	50~57.1	0~7	无		4400	4440	1.01	0%
2	51.8	50~57.5	7~10	无		200	403	2.01	0%
3	51.6	50~61.5	10~35	振铃	1~4	4043	1681	2.41	1.2%
4	52.4	50~58.8	35~90	振铃	2~6	9672	2690	3.59	1.7%
5	56.7	50~67.5	90~160	振铃	8~25	22332	2895	7.71	3.2%
6	54.7	50.2~67.1	160~225	振铃	2~40	66007	5184	12.73	4.1%
7	56.8	50.2~66.5	225~360	能量	0~150	34074	2525	13.49	4.7%
8	59.8	51.2~73	360~460	振铃	0~47	33699	1438	23.43	0.8%
9	61.3	51.7~78.2	460~560	振铃	0~69	31917	1018	31.35	1%
10	62.9	51.7~84.8	560~700	振铃	0~78	36020	999	36.05	1%
11	66.7	52.6~81.1	700~800	振铃	0~85	21649	545	39.72	3.8%
				能量	0~1500				
12	69.3	55~84.3	800~900	无		17731	415	42.72	0%
13	69.8	53.7~85.4	900~1500	振铃	0~80	54408	1092	49.82	4.3%
14	69.8	54.5~85.9	1500~2000	振铃	0~130	26141	364	71.81	0.1%

注：表中幅值单位为 dB，时间单位为 μs，能量单位为 mV · μs。

从表 5-2 可以看出，无论选择何种参数作为辅助筛选参数，最终数据的漏选率均可控制在 5% 以下。以表中平均振铃——峰值振幅作相关图（图 5-2）可以看出：除类型 5 以外，总平均振荡次数随峰值振幅具有明显的增长相关性，初期平缓，后期陡增。

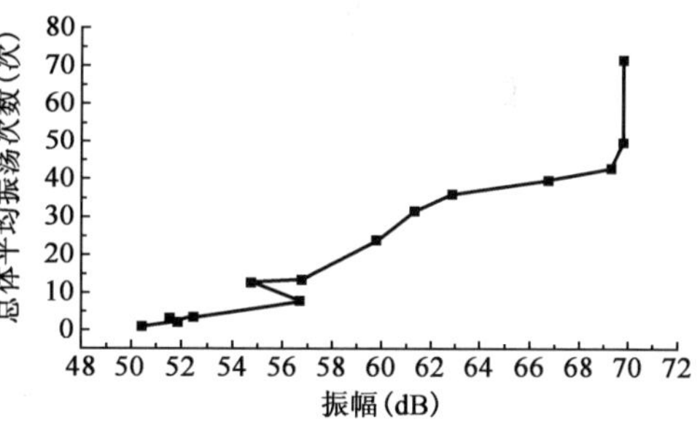

图 5-2 平均振荡次数的变化趋势

另取 C50 梁，按上述方法分析，得聚类参数见表 5-3，按信号相似性共计归类 11 类。其总平均振荡次数与峰值振幅的显著相关性同 C40 梁，此处不再赘述。

C50 梁破坏过程的声发射聚类

表 5-3

破坏类型	峰值振幅	振幅范围	平均振铃	持续时间		辅助参数	总撞击数	振铃计数	遗漏比
1	55.4	55~75.9	1.83	0~35		无	23379	42868	0%
2	58.4	55~68.8	3.01	36~45	振铃	1~7	1542	4755	1.2%
3	58.4	55~68.8	3.08	46~60	振铃	2~7	1542	4755	0.9%
4	59.3	56~70.4	6.44	61~67	振铃	1~8	634	4081	0.8%
5	60.5	56.3~72	6.96	68~75	振铃	2~8	583	4061	2.5%
6	65.6	58.6~80.5	12.88	76~95	振铃	2~10	956	12321	3.6%
7	62.3	57.3~91.1	13.68	96~140	振铃	2~8	3354	45875	2.3%

续上表

破坏类型	峰值振幅	振幅范围	平均振铃	持续时间		辅助参数	总撞击数	振铃计数	遗漏比
8	69.8	57.2 ~ 100	24.93	141 ~ 750	振铃	2 ~ 10	14009	349247	1.6%
9	70.4	65 ~ 100	63.76	751 ~ 1500	振铃	2 ~ 50	624	39792	4.7%
10	81.2	67.4 ~ 100	90.35	1051 ~ 1500	振铃	2 ~ 80	179	16173	2.93%
11	100	59.1 ~ 100	104.3	>1500		无	856	89200	0%

注：表中幅值单位为 dB，时间单位为 μs，能量单位为 mV · μs。

5.1.3 以聚类为基础的损伤分类

损伤类型描述的是声发射参数相似的分布特征，从理论上讲它与构件的宏观破坏模式有一定的联系，但是这种联系并不是一一对应的，由于任何一种宏观破坏模式都可能耦合多种微观损伤类型，因此分类后还应将其与宏观破坏模式作简单的对比。宏观破坏模式与加载大小有直接联系，因此本节将破坏模式及加载过程对应起来，即给出 C40 混凝土梁破坏过程的声发射依荷载级别的聚类分布，列于表 5-4。

依荷载级别的聚类分布　　表 5-4

聚类号 \ 荷载比	0 0.2	0.2 0.4	0.4 0.6	0.6 0.7	0.7 0.8	0.8 0.9	0.9 1
1	0	0.033	0.001	0.003	0.005	0.002	0.004
2	0	0.031	0.001	0.002	0.002	0.003	0.002
3	0	0.001	0.013	0.003	0.003	0.002	0.002
4	0	0	0.02	0.026	0.033	0.002	0
5	0	0	0.03	0.025	0.039	0	0.001
6	0	0	0.02	0.018	0.023	0	0
7	0	0	0.027	0.012	0.028	0.004	0.004
8	0	0	0.001	0.01	0.026	0	0.003
9	0	0	0.002	0.037	0.034	0.001	0
10	0	0	0.002	0.035	0.036	0.001	0.002
11	0	0	0.002	0.033	0.039	0.002	0
12	0	0	0.002	0.032	0.042	0	0.002
13	0	0	0	0.015	0.01	0.058	0.018
14	0	0	0	0	0.03	0.06	0.07
总和	0	0.065	0.121	0.251	0.32	0.135	0.108

由上表可知：构件声发射信号最初产生于荷载水平(0.2,0.4]的区段，对应的声发射类型以前 2 型为主，3 型开始出现。此时荷载水平相对较低，其对应的主要破坏模式是微裂缝出现。因此我们定义 1 ~ 2 型损伤为分散性微裂纹。

随着荷载的增加，达到(0.4,0.6]区段时，前两型损伤明显降低，可以理解为微裂纹开始汇集,3 型损伤有提升,对应的声发射类型以 3 ~7 型为主,8 ~12 型开始出现。此时,对应的破坏模式只要是裂缝的持续开展,并伴有少量黏接滑移破坏,因此我们定义 3 ~7 型损伤为宏观性开裂。

随着荷载的增加,达到(0.6,0.7]区段时,以 4 ~7 型继续维持,8 ~12 型迅速提升,13 型出现。荷载达到(0.7,0.8]区段时,结论一致,只是 14 型也开始出现。此时,由于裂缝宽度的增大,钢筋混凝土的黏接滑移破坏占主导地位。因此我们定义 8 ~12 型损伤为塑性滑移。

荷载继续增大,达到(0.8,0.9],(0.9,1]两个区段时的结论一致,13、14 型声发射成为主要。此时混凝土接近极限,压区混凝土出现大面积压碎现象。因此我们定义 13 ~14 类损伤为混凝土压碎损伤。

同上表,给出 C50 混凝土梁破坏过程的声发射依荷载级别的聚类分布,列于表 5-5。

荷载与损伤类型分布表 表 5-5

破坏类型 \ 荷载百分比	0 0.2	0.2 0.4	0.4 0.6	0.6 0.7	0.7 0.8	0.8 0.9	0.9 1
1	0	0	0.019	0.018	0.002	0.005	0.001
2	0	0	0.014	0.013	0.004	0.001	0.002
3	0	0	0.013	0.016	0.007	0.007	0.006
4	0	0	0.001	0.022	0.029	0.006	0.005
5	0	0	0.001	0.023	0.024	0.008	0.006
6	0	0	0.003	0.027	0.028	0.008	0.008
7	0	0	0.005	0.023	0.025	0.001	0.008
8	0	0	0	0.006	0.058	0.032	0.003
9	0	0	0	0.004	0.005	0.175	0.013
10	0	0	0	0.002	0.013	0.069	0.084
11	0	0	0	0.001	0.02	0.061	0.065
总和	0	0	0.056	0.155	0.215	0.373	0.201

由上表可知:构件声发射信号最初产生于荷载水平(0.4,0.6]的区段,对应的声发射类型以 1 ~3 型为主,4 ~7 型开始出现。此时荷载水平相对较低,其对应的主要破坏模式是微裂缝出现。因此我们定义 1 ~3 型损伤为分散性微裂纹。

随着荷载的增加,达到(0.6,0.7]区段时,1 ~3 型损伤继续维持,可以理解为微裂纹继续出现,对应的声发射类型以 4 ~7 型为主,8 ~11 型开始出现。此时,对应的破坏模式是裂缝的持续开展,并伴有少量黏接滑移破坏,因此我们定义 4 ~7 型损伤为宏观性开裂。

荷载达到(0.7,0.8]区段时,4 ~7 型损伤仍然存在,声发射类型以 8 型为主。此时,由于裂缝的宽度的增大,钢筋混凝土的黏接滑移破坏占主导地位,和 C40 不同,该阶段内宏观性开裂仍然有一定的分量,两者的耦合程度较高。因此我们定义 8 型损伤为塑性滑移。

荷载继续增大,达到(0.8,0.9],(0.9,1]两个区段时的结论一致,9 ~ 11 型声发射成为主要。此时混凝土接近极限,压区混凝土出现大面积压碎现象。因此我们定义 9 ~ 11 类损伤为混凝土压碎损伤。

5.1.4 小结

声发射信号的持续时间、振铃计数、能量具有明显的线性相关关系,但并不绝对,这影响了声发射信号聚类工作的效率。声发射聚类时完全没有考虑信号的时序或加载过程,但聚类依荷载的分布又能明显指示损伤类别,此类方法具有很高的可信度。

5.2 基于 BP 神经网络的损伤模式识别

声发射特征信号常常受到多种因素的共同影响如损伤衍生、周围环境、材料性能、形变特征等,因此其最根本的特征就是随机性和非线性。钢筋混凝土梁的损伤破坏是一种连续演变的过程,其破坏过程中所产生的 AE 信号往往呈现多种声发射特征参数同时变化的特征,并且同一 AE 参数的变化有可能是多种不同的损伤类型造成的。因此其损伤程度识别属于一类典型的模式识别问题,需要采用一种能处理非线性映射问题的分类器来解决这一问题。

人工神经网络(ANN)作为一种模式识别方法,其实质是由大量节点(或称神经元)相互连接而成的复杂网络,能够实现非线性关系的映射和表达复杂的逻辑策略,具有高度鲁棒性及并行分布处理信息能力的系统。同时 ANN 还具有知识的分布式表达、较好的容错能力及学习能力、知识的自动获取、知识处理的自适应性等优点。

BP 神经网络,即 Back-Propagation Neural Network,是一种按误差反向传播算法训练的多层前馈型神经网络,能学习和储存大量的输入—输出模式的映射关系。其在 1986 年被 McCelland 和 Rumelhart 等学者提出后在模式识别、经济、医学等领域获得了广泛的应用。目前约 90% 的 ANN 模型采用了 BP 网络或者其衍生形式,其网络拓扑结构图如图 5-3 所示。

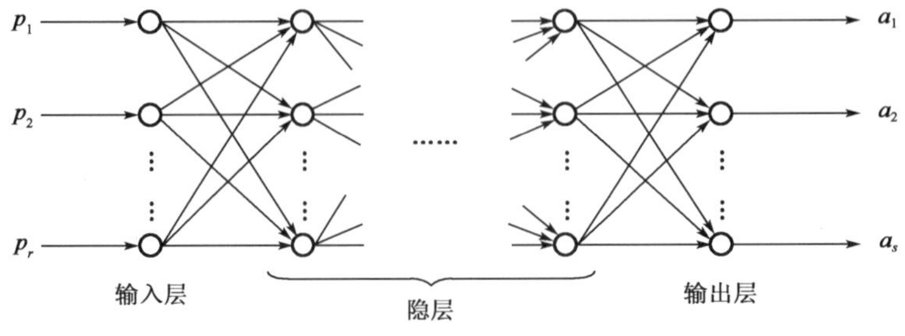

图 5-3 BP 神经网络拓扑结构图

将选定的样本输入数据从 BP 网络模型输入层至隐含层逐层运算处理，直到输出层。每层神经元的信息处理变化只对下一层神经元状态有影响。若输出数据与期望输出不符合，则网络自动转入误差反向传播过程，根据期望误差不断调整 BP 网络结构的权值和阈值，最终使得神经网络实际输出不断接近期望输出。

5.2.1 BP 网络模型识别损伤信号的技术方案

首先，通过声发射仪器采集试验梁损伤破坏过程中的 AE 信号数据，应用声发射特征参数揭示梁损伤演化过程，发现中高幅值和高幅值信号能更好地体现损伤特性，确定了 AE 参数与损伤演化密切相关，为确定 BP 神经网络输出层提供参考，然后运用改进的声发射评价准则具体评价钢筋混凝土梁损伤演化过程，确定梁的 4 个典型损伤失效阶段，在得到各个阶段的分界点后，对相应的 AE 数据进行划分，提炼中高幅值和高幅值对应信号数据，形成钢筋混凝土梁 AE 信号特征参数数据库，作为下一步 BP 神经网络训练所需的标准工况数据。最后在 Matlab 中建立 BP 神经网络模型，并将数据库中的 AE 信号输入到模型中训练，定型网络结构，得到 AE 技术与 BP 神经网络结合钢筋混凝土梁损伤程度识别系统。再将相同工况下采集到的损伤信号输入到完成的系统中，即可实现对试件梁损伤程度的智能识别。

5.2.2 BP 神经网络损伤信号识别模型在 Matlab 中的构建

(1)网络模型层数的设计

BP 神经网络层数的多少，关键在于隐含层数的设计。目前在实际应用中，尚没有一个现成可用的公式来计算模型所需要的隐含层层数，常用的方法是通过实践经验来选择。BP 网络的层数增加对降低误差是有一定的效果，但这样做会使得神经网络结构变得复杂，导致网络学习训练时间延长。为了降低 BP 网络结构的复杂度，一般都是通过增加网络隐含层神经元的数目来降低网络误差，以达到提高网络输出精度的目的。

研究已经证实具有一个输入层和输出层、一个含有 Sigmoid 型激活函数隐含层的 BP 网络可以完成任意的 m 至 n 维的映射，逼近任何闭区间内的有理函数。所以本节设计的 BP 网络损伤信号识别模型选用一层隐含层。模型采用 3 层结构即一个隐含层，一个输入层和一个输出层。在 MATLAB 中使用 newff 函数来建立 BP 神经网络模型。

(2)网络模型的输入与输出

BP 网络模型的输入、输出神经元选取是与样本相关的。在确定了要解决的实际问题后，通常要转化为求解一个数学问题，来确定网络模型输入和输出层神经元数目。本文设计的是钢筋混凝土梁损伤信号识别系统，要求解的问题是通过已知的 8 个 AE 信号特征参数，达成钢筋混凝土梁损伤程度的识别。因此网络模型输入层数就是 8，即输入变量为 8 个典型声发射特征参数，见表 5-6。网络输出层数则为 4，即输出变量为钢筋混凝土梁 4 个典型的损伤失效阶段,输出采用二进制编码表示见表 5-7。若数据属于第一阶段,则表示为[1 0 0 0],以此类推。

神经网络训练的参数 表 5-6

损伤阶段	振铃计数	上升时间(μs)	持续时间(μs)	能量(μs·dB)	上升计数	RMS(dB)	ASL(mV)	幅度(dB)
第一阶段	187	595.7	3810.6	21605.7	53	7.495	75.1	90.7
	57	33.2	947.6	2090.5	5	2.786	66.9	80.5
	88	73.7	1018.9	2415.2	9	2.685	67.5	82.6
第二阶段	85	6	1577.5	3872.7	76	20.77	68.1	81.2
	266	76	6804.5	83516.2	6	7.912	65.8	85.3
	152	6	3527.4	19252.7	11	5.001	66.4	84.8
第三阶段	109	14.8	2369.9	14622.5	4	13.08	67.6	100
	33	20.9	685.4	1801.15	3	4.426	64	83
	69	11.9	893.9	5592.7	2	10.57	66.2	95
第四阶段	114	16.2	2087.7	17871.4	5	16.76	75.2	99.1
	87	75.1	1757.1	12668.0	8	11.64	68.2	83.1
	331	2751.7	10963.0	145245.1	109	20.59	69.4	83.8

钢筋混凝土梁损伤程度输出值 表 5-7

损伤程度	Y1	Y2	Y3	Y4
第一阶段	1	0	0	0
第二阶段	0	1	0	0
第三阶段	0	0	1	0
第四阶段	0	0	0	1

(3)网络模型输入与输出数据的归一化

声发射信号各个特征参数的单位和衡量指标不尽相同,各个分量在训练样本中的数量级也有着很大差异。为了后续可以更便捷地进行样本处理,需要对输入的数据进行归一化处理,即把所有输入向量都转化为 0 ~ 1 之间的数值。归一化目的是进行尺度变换,既可以防止训练样本中数值小但对模型输出有较大影响的数据受到忽略,也可防止因为某个输入数据过大而使得以 Sigmoid 型函数为传递函数的网络输出权值调整进入平坦区。同时也可以有效消除样本数据间不同数量级的差别,回避因为输入向量数量级差异过大而造成网络的输出饱和,导致误差较大,并保证了程序运行时的收敛速度。

样本数据归一化处理公式形式如下:

$$x_{k,n} = \frac{x_k - x_{\min}}{x_{\max} - x_{\min}} \tag{5-2}$$

式中:$x_{\max}$——数据列的最大值;

x_{min}——数据列的最小值；

$x_{k,n}$——归一化后的输入数据；

x_k——归一化前的输入数据；

鉴于BP网络算法中的Sigmoid型函数靠近[0,1]的时候，运算变化速度非常缓慢，误差曲线较为平缓。为降低网络结构学习时间，部分学者提出将输入输出数据变换在[0.1,0.9]或[0.2,0.8]之间，可以使算法中的传递函数在区间内变化梯度变大，网络收敛时间大幅降低，模型性能得到提高。其变换公式为：

$$x_{k,n} = 0.1 + 0.8 \times \frac{x_k - x_{min}}{x_{max} - x_{min}} \tag{5-3}$$

$$x_{k,n} = 0.2 + 0.6 \times \frac{x_k - x_{min}}{x_{max} - x_{min}} \tag{5-4}$$

然后分别采用上述三个公式对AE数据进行归一化处理。在BP网络结构的传递函数、学习速率、期望误差等参数设置完全一样的前提下(此时参数设置数值未定型)，进行网络收敛性的考察，结果见表5-8。

不同归一化方法网络收敛速度对比表 表5-8

归一化方法	迭代次数	误差平方和
公式(5-2)	8000	0.216
公式(5-3)	8000	0.0136
公式(5-4)	8000	0.0052

(4)网络模型隐含层节点的设计

BP网络模型中较为复杂的是如何选取适当的隐含层神经元数目，该数值的选取很大程度上影响到网络结构的定型时间、精度以及误差。若选择较小的隐含层神经元数目，则网络模型对样本规律的学习识别能力就弱，无法总结和归纳出蕴含的规律，导致设计的模型无法用来解决实际问题；但是若选择较多的隐含层神经元数目，又会增加BP模型的学习迭代次数，网络相应的训练时间也会增长。

在实际建立BP模型过程中，较为可行的方式就是通过经验公式来对网络的隐含层神经元数目进行计算，得到一个范围值。然后在网络训练中不断调整神经元数目，比较不同隐含层神经元数的训练结果，来选择一个合适的数。

$$h = \sqrt{n + m} + a \tag{5-5}$$

式中：m——输出层神经元数目；

n——输入层神经元数目；

h——隐含层神经元数目；

a——[1,10]之间的常数。

将$n=8$，$m=4$代入公式中计算，初步得出BP神经网络的最优隐含层节点数位于5~22

之间。然后通过网络不同隐含层节点数的仿真结果进行比较来选取合适的数值，经过不断训练对比最终确定隐含层神经元数目为20。

(5)网络模型传递函数的选取

在建立网络模型过程中，BP网络隐含层的传递函数通常选用Sigmoid型函数(以下简称"S型函数")。S型函数具有诸如鲁棒性和光滑性的优点，且该函数在处理数值型的数据时，求导的时候可以用函数本身的某一种形式来表示，这一点非常重要。因为对于网络权值的反向传播而言，其要求传递函数要有多个导数，若选用一般的连续函数，从计算机的运算及存储方面来说都不太容易解决该问题。此外S型传递函数在收敛速度方面相对于其他函数具有很大优势。

BP网络各层的传递函数均为S型函数，常用的形式见图5-4。

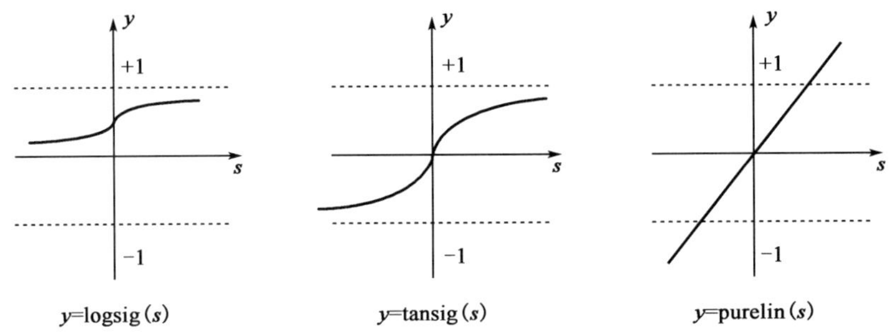

图5-4　BP网络模型常用的传递函数

图5-4可以看出，传递函数purelin(s)的输入输出可取任意值。函数tansig(s)的输入取任意值，输出值在-1与1之间。而函数logsig(s)的输入取任意值，输出值则在0~1之间。网络模型的传递函数一般是在确定其他参数基础上，通过比较不同传递函数组合后模型的训练效果来选取的。

(6)网络模型训练函数和学习函数的选取

影响BP网络模型泛化能力和收敛速度最重要的因素就是其训练算法，即根据误差函数不断调整网络结构在训练过程中权值和阈值的算法。目前，MATLAB软件里几乎包括了所有较为成熟的BP学习算法，如Levenberg-Marquardt算法(trainlm)、变学习率动量梯度下降算法(traingdx)；贝叶斯正则化算法(trainbr)等。

Trainlm通过自适应调整μ值来获取最快的权值和阈值调整量。其优点是收敛速度快，通常经过较少的迭代次数就可以达到网络模型所要求的精度，缺点就是需要大量占用计算机的内存。Traingdx算法有附加动量项和自适应梯度递减训练的能力。附加动量项有效地抑制了网络陷于局部极小，降低了网络对于误差曲面局部细节的敏感性。自适应的梯度递减训练有效地缩短了模型的学习时间。Trainbr算法使得网络结构的泛化能力较为出色。鉴于网络模型建模复杂，从加快BP网络定型速度的角度考虑，选取Levenberg-Marquardt算

法即 trainlm 为模型训练函数。

MATLAB 软件中提供了两种学习函数分别为 Learngd 和 Learngdm。Learngd 为梯度下降式学习函数，它通过神经元的输入和误差以及权值、阈值的学习速率，来计算权值或阈值的变化率。Learngdm 则是一种带动量的学习函数，能使网络训练速度显著提高。因此，BP 网络模型的学习函数往往采用 Learngdm。

(7)网络模型参数的选择

BP 网络模型的非线性导致其初始权值的选择较为重要，权值会影响网络学习能否收敛和达到期望误差值。过大的初始权值会使得调整后的网络输入量停在 Sigmoid 型学习函数的饱和区导致模型终止训练。通常为了使得网络模型中每层神经元的权值调整都能落在 Sigmoid 型学习函数计算变化最大之处。一般运用 Matlab 中 init 函数初始化网络模型的权值，保证初始权值为 -1 和 1 之间的随机数。

学习速率(Lr)决定模型前向传递数据和反向传播误差过程中的权值调整量。小的学习速率会导致网络收敛慢以及定型网络时间的延长，但是能确保 BP 模型的训练误差值最终接近最小值。而选取大的学习速率则常常会导致模型的不稳定。所以一般在建模中，倾向于选取小的 Lr 值以确保 BP 模型的稳定性。Lr 值的选取通常在 0.01 ~0.8 之间。本节 BP 模型学习速率选取为 0.01。

网络误差的选择是在保证网络的收敛速度足够快而又不会引起振荡的前提下，越小越好。建立 BP 网络的过程中，可以选择几个不同的误差目标进行训练比较，选取效果好的误差值。通常可取 0.001 ~0.01。并根据数据样本、学习函数和期望误差的特征来选取 BP 模型的训练迭代步长。在 MATLAB 中默认的是用 MSE 来表示网络性能。

5.2.3 BP 网络模型识别仿真

按照上一节要求设置 BP 神经网络，并调用试验梁受弯破坏过程的声发射数据作为训练数据，各阶段样本量见表 5-9。将声发射信号数据带入通过上述步骤在 MATLAB 中建立的 BP 神经网络模型中训练，形成适宜的网络结构，经过 3200 步的训练可达到期望误差(达 10^{-3}级)。

神经网络训练数据样本数　　表 5-9

第一阶段	第二阶段	第三阶段	第四阶段
30	799	1550	2450

网络定型后，选取不同于训练数据来源的试验梁声发射数据做识别验证，部分大幅值数据损伤模式识别情况列于表 5-10。全部数据的识别统计见表 5-11，数据表明，该试验梁 4 个典型损伤阶段的声发射信号识别准确率分别达到了 93.33%，90.01%，91.43%，93.56%。

BP 网络模型测试样本的输出 表 5-10

类型	网络实际输出	期望输出	状态
1	[0.9045 0.0106 0.0025 0.0078]	[1 0 0 0]	识别
1	[0.8605 0.0045 0.0015 0.1022]	[1 0 0 0]	识别
1	[0.8665 0.0412 0.2301 0.0049]	[1 0 0 0]	识别
1	[0.9991 0.2213 0.0032 0.0012]	[1 0 0 0]	识别
1	[0.8067 0.0013 0.0456 0.0036]	[1 0 0 0]	识别
1	[0.9983 0.0029 0.1007 0.1788]	[1 0 0 0]	识别
1	[1.0000 0.0019 0.0638 0.1002]	[1 0 0 0]	识别
1	[0.9979 0.0034 0.1137 0.0016]	[1 0 0 0]	识别
1	[0.7899 0.1789 0.2344 0.0519]	[1 0 0 0]	识别
1	[0.8123 0.0023 0.0163 0.0046]	[1 0 0 0]	识别
1	[0.5664 0.4367 0.3003 0.3025]	[1 0 0 0]	未识别
1	[1.0000 0.1467 0.0236 0.0788]	[1 0 0 0]	识别
1	[0.7889 0.2363 0.2111 0.0239]	[1 0 0 0]	识别
1	[0.9663 0.1004 0.2365 0.0014]	[1 0 0 0]	识别
1	[0.8854 0.1632 0.2331 0.1145]	[1 0 0 0]	识别
1	[1.0000 0.0090 0.1123 0.2237]	[1 0 0 0]	识别
1	[0.7869 0.2236 0.0038 0.1963]	[1 0 0 0]	识别
1	[0.9111 0.0125 0.0237 0.0236]	[1 0 0 0]	识别
1	[0.7123 0.1036 0.2363 0.1123]	[1 0 0 0]	识别
1	[0.8324 0.1224 0.0029 0.1886]	[1 0 0 0]	识别
2	[0.1334 0.9976 0.0032 0.0123]	[0 1 0 0]	识别
2	[0.0009 1.0000 0.0369 0.0056]	[0 1 0 0]	识别
2	[0.0055 0.9992 0.0034 0.1209]	[0 1 0 0]	识别
2	[0.0089 0.9863 0.0076 0.0002]	[0 1 0 0]	识别
2	[0.2109 0.8563 0.0032 0.0146]	[0 1 0 0]	识别
2	[0.0138 0.9612 0.0021 0.0039]	[0 1 0 0]	识别
2	[0.3401 0.6897 0.2245 0.1098]	[0 1 0 0]	识别
2	[0.4089 0.5879 0.2039 0.3230]	[0 1 0 0]	未识别
2	[0.0164 0.8636 0.2066 0.1950]	[0 1 0 0]	识别
2	[0.0033 0.8409 0.1067 0.2034]	[0 1 0 0]	识别
2	[0.2113 0.7563 0.1224 0.2363]	[0 1 0 0]	识别
2	[0.1078 1.0000 0.0122 0.1679]	[0 1 0 0]	识别
2	[0.0063 0.9236 0.0233 0.0045]	[0 1 0 0]	识别
2	[0.1555 0.8663 0.0126 0.0236]	[0 1 0 0]	识别

续上表

类型	网络实际输出	期望输出	状态
2	[0.0087 0.9963 0.1278 0.0236]	[0 1 0 0]	识别
2	[0.0633 0.9653 0.0963 0.0098]	[0 1 0 0]	识别
2	[0.0006 1.0000 0.0233 0.0056]	[0 1 0 0]	识别
2	[0.2668 0.7886 0.1224 0.3345]	[0 1 0 0]	识别
2	[0.1223 0.9456 0.0463 0.0236]	[0 1 0 0]	识别
2	[0.5677 0.5656 0.2031 0.2334]	[0 1 0 0]	未识别
3	[0.2009 0.3017 0.7023 0.3256]	[0 0 1 0]	识别
3	[0.2101 0.2236 0.7569 0.1107]	[0 0 1 0]	识别
3	[0.0822 0.2032 0.8865 0.1098]	[0 0 1 0]	识别
3	[0.0705 0.0013 0.9996 0.1128]	[0 0 1 0]	识别
3	[0.0296 0.1044 0.9046 0.0037]	[0 0 1 0]	识别
3	[0.1089 0.2012 0.8963 0.0096]	[0 0 1 0]	识别
3	[0.0031 0.1457 0.9954 0.0028]	[0 0 1 0]	识别
3	[0.1058 0.2103 0.8763 0.1013]	[0 0 1 0]	识别
3	[0.0152 0.0023 0.9569 0.0089]	[0 0 1 0]	识别
3	[0.0032 0.1065 0.8663 0.0263]	[0 0 1 0]	识别
3	[0.1007 0.2045 0.8422 0.0089]	[0 0 1 0]	识别
3	[0.0008 0.0178 1.0000 0.0033]	[0 0 1 0]	识别
3	[0.0114 0.2026 0.8632 0.1134]	[0 0 1 0]	识别
3	[0.1899 0.0054 0.9123 0.1050]	[0 0 1 0]	识别
3	[0.4003 0.3114 0.5856 0.4529]	[0 0 1 0]	未识别
3	[0.2223 0.2331 0.7999 0.1125]	[0 0 1 0]	识别
3	[0.2886 0.1225 0.6899 0.2096]	[0 0 1 0]	识别
3	[0.0048 0.0022 0.9328 0.0014]	[0 0 1 0]	识别
3	[0.6871 0.2029 0.5605 0.3109]	[0 0 1 0]	未识别
3	[0.5078 0.6189 0.6933 0.3033]	[0 0 1 0]	未识别
4	[0.0023 0.0889 0.1006 0.9961]	[0 0 0 1]	识别
4	[0.1035 0.0209 0.0016 0.9793]	[0 0 0 1]	识别
4	[0.0012 0.0036 0.0736 0.9989]	[0 0 0 1]	识别
4	[0.1044 0.2006 0.3216 0.7420]	[0 0 0 1]	识别
4	[0.2903 0.3078 0.5056 0.5065]	[0 0 0 1]	未识别
4	[0.0089 0.0011 0.0036 0.9963]	[0 0 0 1]	识别
4	[0.0126 0.1499 0.1096 0.8563]	[0 0 0 1]	识别
4	[0.0063 0.0027 0.0012 0.9654]	[0 0 0 1]	识别

续上表

类型	网络实际输出	期望输出	状态
4	[0.1178 0.0025 0.2156 0.8779]	[0 0 0 1]	识别
4	[0.1034 0.1309 0.2115 0.8665]	[0 0 0 1]	识别
4	[0.2145 0.1026 0.0189 0.7884]	[0 0 0 1]	识别
4	[0.2515 0.0903 0.1078 0.8653]	[0 0 0 1]	识别
4	[0.1069 0.1587 0.2130 0.7558]	[0 0 0 1]	识别
4	[0.1226 0.1022 0.2209 0.8896]	[0 0 0 1]	识别
4	[0.0789 0.0663 0.1025 0.9112]	[0 0 0 1]	识别
4	[0.1127 0.2034 0.1562 0.8663]	[0 0 0 1]	识别
4	[0.2236 0.1123 0.1559 0.7889]	[0 0 0 1]	识别
4	[0.0031 0.0045 0.1033 0.9969]	[0 0 0 1]	识别
4	[0.1134 0.6045 0.3065 0.6345]	[0 0 0 1]	未识别
4	[0.0112 0.0011 0.0032 0.9863]	[0 0 0 1]	识别

BP 网络模型损伤程度识别准确率 表 5-11

	第一阶段	第二阶段	第三阶段	第四阶段
待识别	23	222	524	1094
识别出	22	199	476	1017
正确率	93.33%	90.01%	91.43%	93.56%

5.2.4 小结

采用 LM 算法的 BP 网络模型在经过近 4000 组样本训练后，可以达到识别 AE 损伤信号类型的目标，具有较好的工程应用价值。在实际情况中，试验梁不同损伤类型的划分不是绝对的“界限分明”，因此存在一定的识别误差，但误差可控。另外，BP 网络模型的激励函数、拓扑结构、具体学习方法可以根据实际工程问题调整以获得满意的仿真结果，具有很大的拓展空间和研究价值。

6 损伤源定量判断

在损伤阶段识别的基础上，通过大量的试验数据累积，总结出各损伤阶段对应的声发射参数(包括间接特征参数)的标准量级，则可能实现在实际检测过程中的损伤量化。但目前这类研究仍存在明显不足，基于声发射技术的损伤量化判断即损伤程度评价仍是声发射技术的最薄弱环节。目前基于损伤力学的声发射定量分析方法已逐渐受到关注，若抛开材料内部破坏时的能量释放及传播过程的复杂力学行为不谈，仅从表象学观点出发，以声发射特征参数为损伤变量进行研究，这类方法的可操作性将大大增加。

6.1 损伤变量的定义及选取方法

损伤力学的研究内容主要是指材料在损伤阶段所表现出的力学行为以及与其相关的边缘性问题。损伤力学系统地讨论微观缺陷对材料机械性能、结构应力分布的影响，同时详细描述材料内部缺陷的演化过程，主要用来分析结构破坏的整个过程，即微裂缝的演化和宏观裂缝形成直至结构的破坏。运用损伤力学分析材料破坏过程时，最需要注意的是损伤变量的选取以及损伤模型的建立。材料的损伤可根据其特征尺度的不同建立微观损伤模型、细观损伤模型以及宏观损伤模型三大类。上述三种损伤模型的特点可归纳如表 6-1 所示。

损伤模型的分类及特征　　表 6-1

损伤模型分类	微观损伤模型	细观损伤模型	宏观损伤模型
研究对象	原子结构损伤过程	不同材料损伤过程	微损伤连续体
研究分析	统计方法	力学方法	引入损伤变量
局限性	只能定性分析	不具备普遍实用性	需建立损伤演化方程

为了恰当地描述材料内部微观结构的变化现象，必须引入损伤变量作为本构关系的因变量。鉴于材料内部结构的变化一般都是不可逆的，因此按照不可逆热力学的观点，材料在损伤过程中熵(Entropy)增加了，即可视为试件内部的损伤发生了累积变化。所以说损伤变量不止是个不可见的因变量，而且还是个不断增加的量。

损伤是指在外界应力作用下材料内部由于细观结构(晶粒、位错、空穴、微裂缝等)变化而导致材料性能逐渐劣化直至完全失败的一种不可逆的过程。当材料内部存在微观缺陷时损伤变量可详细描述材料的力学性能，从而对材料的变形、破坏和后续使用年限进行预测。

损伤变量的选择应该遵循两大原则：其一是要足够简单，其二是要具有明确的力学意义。损伤力学中习惯用符号 D 表示损伤变量，当材料处于简单损伤状态时，损伤变量 D 可被视为标量，主要描述的是各向同性损伤；而当材料处于复杂损伤状态时，损伤变量 D 可被视为向量，主要被用来描述各向异性损伤。

通过建立损伤变量作为本构关系的因变量可以恰当地描述材料内部微观结构的变化现象。对于损伤变量 D 的量测方法主要有两种：直接量测法和间接量测法。直接量测法是指直接测量材料的缺陷，如位错的分布密度、破坏晶粒数与总晶粒数之比等。直接量测法的关键取决于试验技术水平的高低，直接量测法获得的数据信息需要做一定宏观尺度下的处理后方可应用到损伤力学中。直接量测法一般需要红外线摄像仪、x 光摄像机、超声显微装置等试验设备。间接量测法是指测量微观损伤的宏观表现，具体是指测量试件的弹性模量、密度、重度、显微硬度变化等，测量的数值可以是力学量或者是电学量。当然，对于声发射检测而言，选择声发射特征参数作为间接量测法的测量参数将使计算变得更为简便。

6.2 以累积事件数为基础的损伤定量分析

6.2.1 以 b 值为基础的累积事件数计算

类似于地震学中的震级—频度公式，声发射幅值与声发射累积事件数也存在一定的联系，这种方法称为声发射 b 值理论。声发射 b 值可被定义为累积声发射事件数与声发射振幅之间线性关系的负梯度。试件在加载过程中两者之间的大致对应如图 6-1 所示。在某些加载阶段，若小振幅事件数相对较多，两者的关系直线坡度较陡，此时 b 值较大；在另一个加载阶段中，若大、小幅值事件的占比产生变化，b 值也会产生相应变化，关系直线坡度变缓。

对声发射检测而言，当试件出现宏观裂纹时，由于积累的应变能集中释放，开裂处的位移约束消失，大幅值声发射事件将会显著增多，此时 b 值极值可以作为宏观开裂的指示点。由于上述研究属于声发射定性分析的范畴，此处不再赘述。

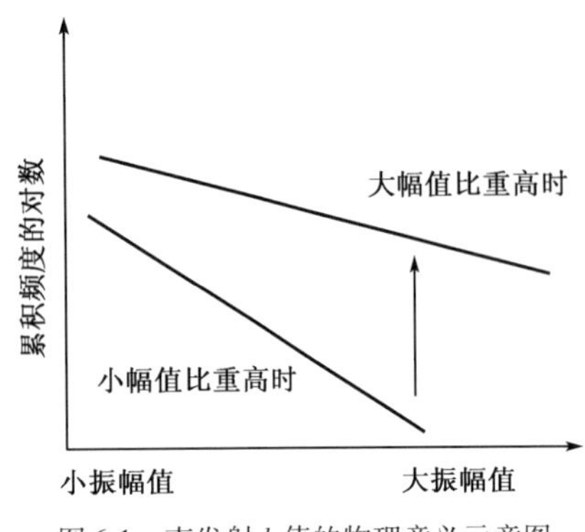

图 6-1　声发射 b 值的物理意义示意图

地震学上的里氏震级作为国际地震震级的标准单位，是对地震仪在观测点处记录到的地震波最大振幅进行对数演算所得来的，而声发射试验中采集到的数据其振幅值往往以分贝作为单位。因此震级—频度公式与声发射幅值—声发射累积事件数公式略有区别。

频度震级公式即古登堡利特克公式表达为

$$\lg N_E = a_E - b_E M_L \tag{6-1}$$

式中：M_L——里氏震级，其与地震动参数的关系见式(6-2)；

N_E——大于等于该震级的地震频次；

a_E、b_E——拟合系数；

$$M_L = \lg A_{max} \tag{6-2}$$

式中：A_{max}——地震动参数，此处取最大加速度。

由上两式可得：

$$\lg N_E = a_E - b_E \lg A_{max} \tag{6-3}$$

同理，将声发射幅值—声发射累积事件数公式定义为：

$$\lg N_{AE} = a_{AE} - b_{AE} A_{dB} \tag{6-4}$$

式中：A_{dB}——以分贝为单位的声发射幅值；

N——大于等于该幅值的声发射事件数；

a_{AE}、b_{AE}——拟合系数。

按照分贝单位的定义有：

$$\lg N = a_{AE} - 20 b_{AE} \lg A_{max} \tag{6-5}$$

对比式(6-3)、式(6-5)，假设其幅值函数前系数具有相同物理意义(事件数随幅值的降低速率)，有 $20b_{AE} = b_E$，则式(6-4)可变换为：

$$\lg N = a - b\left(\frac{A_{dB}}{20}\right) \tag{6-6}$$

式中：a、b——拟合系数；

考虑到不同加载段，幅值—累积事件数关系式的差别，采用分段统计的方法。在加载段 i 内，统计公式由(6-6)变化为：

$$\lg N_i = a_i - b_i\left(\frac{A_{dB}}{20}\right) \tag{6-7}$$

在每一个加载段内，幅值和对应的声发射事件数也应分段统计，从门限值 40dB，按 4dB 等间隔划分数据段，并采用最小二乘法拟合最终得到各阶段下 a_i，b_i 的统计平均值见表 6-2(C40 试验梁)及表 6-3(C50 试验梁)。

C40 梁 *a*、*b* 值拟合汇总表　　表 6-2

加载阶段	通道 2		通道 3		平均值	
	a 值	*b* 值	*a* 值	*b* 值	*a* 值	*b* 值
3	4.337	1.080	4.944	1.239	4.641	1.160
4	4.786	0.936	5.445	1.127	5.115	1.031

续上表

加载阶段	通道2		通道3		平均值	
	a 值	b 值	a 值	b 值	a 值	b 值
5	7.953	1.358	7.468	1.229	7.710	1.294
6	7.681	0.591	7.709	1.589	7.695	1.090
7	7.689	1.086	7.489	1.024	7.589	1.055
8	7.427	1.081	7.405	1.031	7.416	1.056
9	7.221	1.061	7.488	1.037	7.354	1.049
10	7.533	1.013	7.704	0.978	7.618	0.995

注:通道2,通道3更接近于可能的破坏点——跨中,受声发射衰减的影响较小。

C50梁 a、b 值拟合汇总表 表6-3

加载阶段	通道2		通道3		平均值	
	a 值	b 值	a 值	b 值	a 值	b 值
3	4.442	0.867	5.252	1.007	4.847	0.937
4	5.321	0.999	5.228	1.039	5.275	1.019
5	5.475	0.940	6.521	1.165	5.998	1.053
6	6.921	1.005	7.059	0.976	6.990	0.990
7	7.153	0.732	7.599	0.902	7.376	0.817
8	8.312	1.231	7.949	1.058	8.130	1.145
9	7.761	1.073	7.351	0.967	7.556	1.020
10	7.865	1.078	7.939	1.026	7.902	1.052

注:通道2,通道3更接近于可能的破坏点——跨中,受声发射衰减的影响较小。

6.2.2 有累积声发射事件数定义的损伤变量

结构在破坏过程中累积声发射事件数将逐渐变大,依据这一特点并结合损伤力学中对损伤变量的定义有:

$$D_k = \frac{\sum_{1}^{k} \lg N_i}{\sum_{1}^{n} \lg N_i} \tag{6-8}$$

式中:D_k——阶段 k 的累积声发射对数比值;

n——加载阶段总数。

主要说明的是上式的物理意义并不十分清晰,因为对数之和与和的对数存在明显,但若按照上式处理,损伤变量随加载阶段号变化将产生近乎线性的变化,这于损伤定量分析有利。

$$D_k = \frac{\sum_{1}^{k} \left[a_i - b_i \left(\frac{A_{\mathrm{dB}}}{20} \right) \right]}{\sum_{1}^{n} \left[a_i - b_i \left(\frac{A_{\mathrm{dB}}}{20} \right) \right]} \tag{6-9}$$

式中:i——加载阶段号;

a_i、b_i——各个加载段内的拟合参数。

由于上式中不再体现幅值分布情况,故 A_{dB} 可直接取门限值 40dB,考虑到 4dB 的取样间隔,第一取样段[40dB,44dB]的中心幅值为 42dB,A_{dB} 也可取 42dB,此时式(6-9)变为:

$$D_k = \frac{\sum_1^k a_i - 2.1b_i}{\sum_1^n a_i - 2.1b_i} \tag{6-10}$$

利用表 6-2、表 6-3 中数据及式(6-10)可得各个加载阶段的损伤变量汇总,见表 6-4,损伤变量随加载阶段的变化规律见图 6-2。

损伤变量汇总　　表 6-4

加载阶段	C40 梁	C50 梁
3	0.0522	0.0671
4	0.1220	0.1402
5	0.2399	0.2285
6	0.3677	0.3430
7	0.4945	0.4749
8	0.6172	0.6084
9	0.7389	0.7346
10	0.8694	0.8672

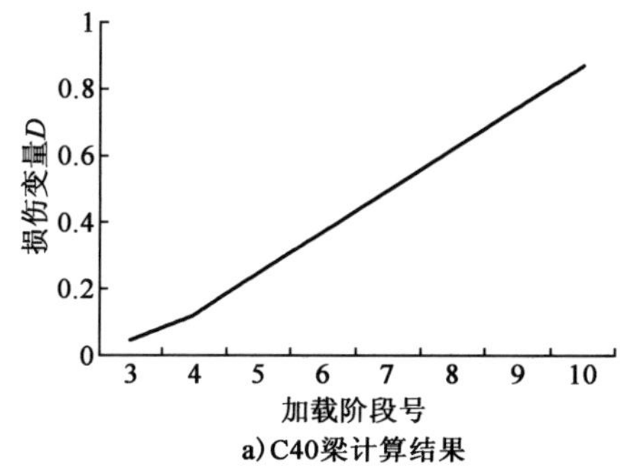

a)C40梁计算结果

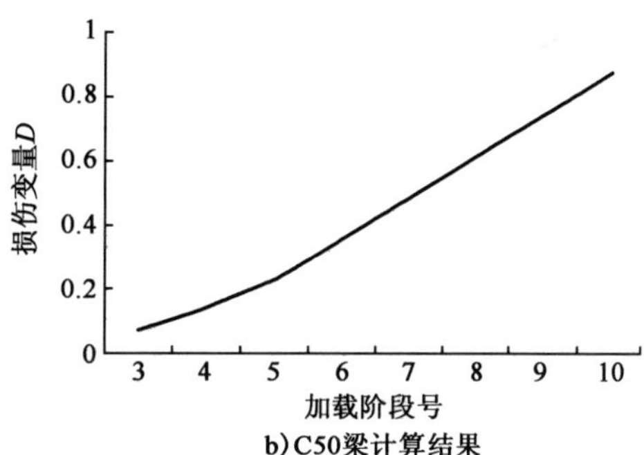

b)C50梁计算结果

图 6-2　损伤变量变化图

6.2.3　小结

借助于震级—频度公式并稍加修正可得到声发射累积事件数的半经验公式。在此基础上利用累积事件数构成的损伤变量可以较好地反映构件随加载的变化规律。这为声发射定量分析提供了一些解题思路,但目前该方法还只能用于试验构件的损伤自证。由于传感器布置缺乏统一规定、试件尺寸差异、损伤点位置差异等复杂因素引起的声发射衰减是目前定量分析中的最大瓶颈。

6.3 以声发射累积能量定义的损伤变量 D

6.3.1 以声发射速率过程理论为基础的累积能量计算

速率过程理论(Rate Process Theory)是在统计力学基础上发展起来的一门理论知识。研究者认为从应力水平 V 到 $V+\mathrm{d}V$ 这一过程的概率密度函数为:

$$f(V)=\frac{\mathrm{d}N}{N} \tag{6-11}$$

式中:N——从初始阶段到应力水平 V 阶段中所累积产生的声发射事件数;

V——构件相对应力水平,在[0,1]范围内变化。

式(6-11)是声发射速率过程的控制方程,该公式说明声发射变化率 $\mathrm{d}N/N$ 与构件相对应力水平 V 均存在一定的关系。根据相关的试验数据的统计分析,$f(V)$ 可表示为:

$$f(V)=\frac{m}{V}+n \tag{6-12}$$

式中:m,n——拟合系数。

由式(6-11)、式(6-12)可得累积声发射事件数与相对应力水平之间的关系:

$$N(V)=kV^{p}\exp(qV) \tag{6-13}$$

式中:k,p,q——拟合系数,其中 p 为声发射速率参数。

$N(V)$——相对应力水平 V 下的声发射累积事件数。

上式中的 p 值是速率过程的关键,他反映材料内部含有的裂纹数量。p 值大于零表明在较低应力水平下也有较高的声发射率,且随着荷载的增加而减小,此时声发射能量释放接近尾声,说明构件损伤本就严重;反之,p 值小于零表明在较低的应力水平下声发射率很低,在初始状态下构件的损伤较小。上述问题属于定量分析范畴,此处不再赘述。

由于声发射事件数 $N(v)$ 与累积能量 $E(v)$ 成正比,式(6-13)可变化为:

$$E(V)=CV^{p}\exp(qV) \tag{6-14}$$

式中:C,p,q——拟合系数;

$E(V)$——相对应力水平 V 下的声发射累积能量。

按式(6-14),利用破坏试验数据拟合可得到拟合系数取值见表6-5。

应力水平与累积能量关系的拟合系数　　表6-5

牌　号	p	q	C	相对误差
C40	4.46	-3.59	6.95e+08	7.8%
C50	6.42	-5.61	9.42e+09	6.2%

6.3.2 声发射累积能量定义损伤变量 D

对于脆性固体材料,若传感器接收的总能量与构件释放的应变能成正比可将损伤变量定义为:

$$D = \frac{\Delta W}{W_1} = \frac{E(V)}{E_1} \tag{6-15}$$

式中:W_1——构件在破坏状态下所释放的全部应变能,相对应力水平 $V=1$;

ΔW——构件在某一应力水平下释放的应变能;

E_1——构件在破坏状态下所释放的全部声发射的累积能量。

将式(6-14)代入式(6-15),有:

$$D = \frac{E(V)}{E_0} = \frac{V^p \exp(qV)}{\exp(q)} \tag{6-16}$$

此时,将表 6-5 中的拟合系数代入到式(6-16)中即可得到各加载阶段的损伤变量值,但应注意的是表中拟合系数仅仅为三榀试验梁的平均拟合结果,其相对误差虽然能够控制在 10% 以内,但仍不够理想。随着数据的累积,其精度仍有提升空间。各阶段的相对应力水平及损伤变量值见表 6-6。

各加载阶段损伤变量　　表 6-6

C40			C50		
加载阶段	应力水平	损伤变量	加载阶段	应力水平	损伤变量
3	0.15	0.0046	3	0.15	0.0007
4	0.25	0.0265	4	0.25	0.0095
5	0.34	0.0794	5	0.35	0.0453
6	0.44	0.1697	6	0.45	0.1279
7	0.53	0.2950	7	0.54	0.2633
8	0.63	0.4454	8	0.64	0.4380
9	0.72	0.6061	9	0.74	0.6268
10	0.86	0.8258	10	0.87	0.8510

损伤变量随加载阶段的变化规律见图 6-3。

6.3.3 小结

借助声发射累积能量与构件应力水平的关系式推导的损伤变量可以较好地反映构件随加载的变化规律。与上一节方法不同,该方法不需要依据加载阶段进行分段拟合,表达式更为清晰。但加载水平与损伤因子间的非线性关系将使得定量分析的过程变得更为麻烦,同时定量分析的应用性问题仍未得到解决。目前,声发射定量分析的应用化问题仅从损伤变量公式的推导上是无法解决的,他依赖于对混凝土构件中声发射传播衰减规律的全面解析,这也是研究者未来需要努力的方向。

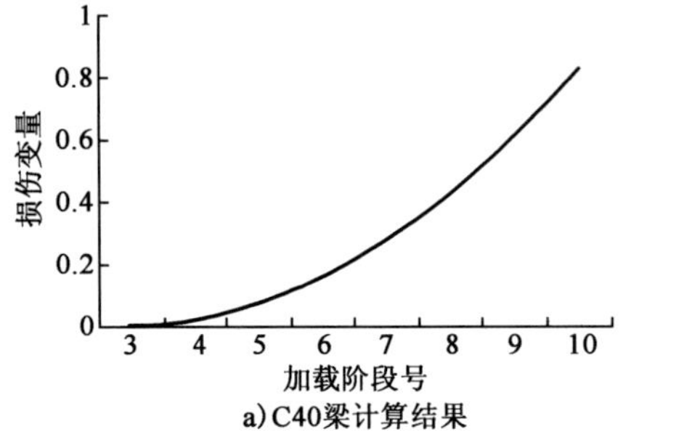

a)C40梁计算结果

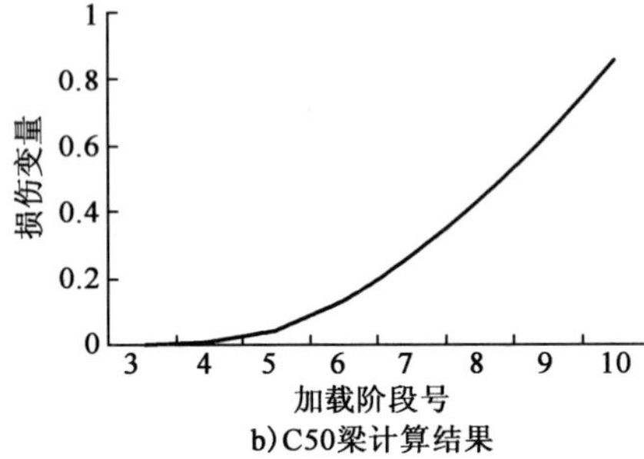

b)C50梁计算结果

图6-3　损伤变量变化图

7 结论与展望

由于声发射对线性裂纹的敏感性，声发射技术可以较为方便地指示正在发生的危险，不仅可用于事后检测、定期检测，也可应用于大型结构的长期监测，这是声发射技术的最大优点，也是实现桥梁结构损伤检测到损伤监测转变的技术关键。当前声发射检测技术仅大规模应用于金属材料检测领域，针对钢筋混凝土结构的系统性研究仍有不足。在声发射损伤指示方面，如何利用声发射技术发现结构潜在危险，是否需要特别关注检测过程中的噪声问题，如何有效地利用凯塞效应等一系列问题缺乏可借鉴成果。

简单的门限设定是去除背景噪声的有效办法，门限设定值建议取40dB，但依据不同的检测环境也可进行调整。车行噪声是桥梁结构检测过程中的最大干扰，在实际检测中可设置一台声发射仪专职捕捉车行噪声，绘制时间门并同步传输至其他声发射仪，则可通过时间门方法剔除车行噪声。在对桥梁下部结构检测时，基本上可不考虑噪声影响，这是由声发射的强衰减特性决定的。

凯塞效应在钢筋混凝土结构中有条件存在，这是已有结论。但其存在的具体应力条件以及给声发射损伤指示技术带来的利弊尚缺乏定论，人们也常常忽视凯塞效应对声发射技术用于损伤监测和预警带来的可行性论证问题。通过分级循环加载试验发现凯塞效应仅在钢筋混凝土结构的低应力状态下成立，凯塞点荷载接近桥梁结构的正常运行状态下的荷载水平。这一结论的得出大大降低了声发射技术应用于混凝土结构损伤检测领域的技术门槛。若凯塞点过高，将使声发射技术丧失对中度损伤的预警能力，其技术有效性将大打折扣；若凯塞点过低，结构在长期正常通行状态下的声发射活性将逐步升高而不是降低，此时我们将无法计算预警速率的上限，其技术可行性将受到质疑。

在利用声发射技术对桥梁结构损伤预警的过程中，无需采取任何封桥或管制措施，使桥梁处于正常通行状态下即可。以声发射撞击速率为预警参数，当声发射速率超限时，即可做出损伤预警。在一次完整的损伤检测工作中，若所测声发射撞击速率未超限，则可提前结束检测，做出桥梁健康状态良好的评价结论，这大大提升了声发射检测的效率。若所测声发射撞击速率发出预警则开展下一步的损伤定位工作。

目前，大部分声发射检测仪器都提供了自带的定位算法。但经过断铅试验的反复验证发现，仪器系统的定位结果精度并不稳定，其主因在于定位算法中波速恒定假设与声发射波速波动的事实相悖。基于能量衰减的多传感器能量定位算法公式以及基于波速反演的变波速定位算法可有效回避这一问题。

定位位置确定后，可直接进入损伤程度评价环节，也可按照传感器优化布置原则，依主要损伤点重新优化布置传感器，这一过程实施的主要理由是混凝土材料中应力集中现象具有普适性。由于声发射更擅长于损伤的动态描述，对特定检测时刻的结构损伤描述还不够细致，秉承技术优势互补的原则，该阶段工作可用其他检测方法完成。同时，本书也围绕这一检测内容展开了详细的研究，验证了一些可行的技术方法。

通过同类损伤声发射波形相似的假设，得到了混凝土梁在破坏过程中的声发射聚类结果，以及在荷载水平上的聚类分布结果。其结果表明通过声发射特性的分类可以很好地反映结构所处的4种损伤类型。同时，基于BP神经网络的模式识别也可以得到类似的结论。通过引入损伤变量，可以对声发射损伤程度进行较为精确的判断。但通过试验数据得到的损伤变量是否可以用于现场测试及其定量标准还有待验证。

声发射技术作为一个完整的技术体系应用于混凝土结构的检测或监测领域的研究还有待进一步的深入。本书在声发射损伤预警实用化、定位技术的理论分析、声发射信号的聚类与分类研究、BP神经网络的应用、基于损伤进度理论的损伤变量引入等方面做了简单的介绍和研究。但在如何克服声发射的技术劣势，特别是由于声发射对非线性裂纹不敏感所带来的一系列问题上，还缺乏革命性的突破。同时，声发射检测的技术资料不足、声发射检测技术的行业规范缺失也给我们带来了不小的挑战。这也是整个声发射检测行业未来需努力的方向。

目前，声发射定量分析的应用化问题仅从损伤变量公式的推导上是无法解决的，这依赖于对混凝土构件中声发射传播衰减规律的全面解析，这也是研究者未来需要努力的方向。

参 考 文 献

[1] 李惠,欧进萍. 大型复杂结构的健康监测、损伤累积与安全评定[A]. 茹继平,刘嘉平,曲久,李杰. 中国科学院2011—2020学科发展战略研究专题报告集——建筑、环境与土木工程[M]. 北京:中国建筑工业出版社,2011.

[2] 李宏男,高东伟,伊廷华. 土木工程结构健康监测系统的研究状况与进展[J]. 力学进展. 2008,38(2):151-166.

[3] 中国机械工程学会无损检测学会. 无损检测概论[M]. 北京:机械工业出版社,1993.

[4] 赫利尔(美),等. 无损检测与评价手册[M]. 戴光,徐彦延,等,译. 北京:中国石化出版社,2006.

[5] Ruseh H. Physieal Problems in Testing of Conerete[M]. Zement Kalk GIPs (wiesbaden), 1959,12(1).